끝날 때까지
끝난 게
아니다

아재글(박순경) 지음

mindset

끝날 때까지 끝난 게 아니다

아재글(박순경) 지음

mindset

프롤로그
: 아무것도 아닌 지금은 없다

어렸을 때부터 나는 급하기도 하고, 느긋하기도 한 요상한 성향이었다. 박순경이라는 이름으로 인해 '경찰'이라고 불리기도 했지만, 특이한 성격 때문에 친구들이 '외계인'이라고도 했다. 굉장히 소심하지만 관심 받고 싶어 하는 요즘 말로 '관종'이라, 그 별명들이 싫지 않았다. 성인이 되어서는 성공하고 싶은 마음이 늘 있었지만, 그렇게 되려고 실천하지는 않았다. 그런 내가 꾸준히 관심 있었던 분야는 명언, 동기부여 글귀였다. 고등학생 때도 휴대폰 배경 화면은 언제나 동기부여 명언이었다.

2018년, 큰 슬럼프가 찾아왔다. 회사를 그만둘 정도로 모든 게 싫었다. 열심히 살고 싶지도 않았고, 놀고 싶은 마음이 간절했다. 그래서 퇴사한 직후 일본 오사카로 여행을 떠났다. 그곳에서 우연히 한 청년의 길거리 공연을 봤다. 서커스단처럼 여러 묘기를 부리는 모습을 보면서 평소와 달리 많이 웃었다. 그는 한눈에 봐도 열심히 사는 듯했다. 사람들이 금액을 지불하고 보는 공연이 아님에도, 더운 여름날 땀을 뻘뻘 흘리면서 자기를 둘러싼 관객을 위해 최선을 다했다. 감동한 나는 공연 관람비로 1,000엔을 냈다. 대부분이 돈을 안 내거나 100엔을 건넨 것에 비하면 큰돈이었다. 하지만 아깝지 않았다. 오히려 더 많이 주지 못해 미안했다. 내가 받은 위로의 값어치가 그 이상이었기에. 그때의 감정을 잊지 않으려고, 당시 공연 장면과 그 청년과 함께 찍은 사진을 여전히 내 휴대폰에 소장하고 있다.

나는 그때부터 생각이 많아졌다. 왜냐하면 내가 누군가로부터 위로받았듯, 나도 다른 사람에게 위로가 되고, 힘을 주고 싶어졌기 때문이다. 일본 여행을 끝내고 한국으로 돌아오자마자 페이스북 계정을 만들었다. 그리고 '아재가 알려주고 싶은 글'이라는 타이틀로 내가 느낀 감정을 글로 적어 공유하기 시작했다. 이것이 '아재글'의 시초다. 지금은 인스타그램을 중심으로 활동해, 올해로 4주년을 맞이했다. 그동안 좋은 일도 나쁜 일도 있었지만,

모두 인생 경험을 쌓는 소중한 시간이었다. 만일 아재글이 없었다면 나의 버킷리스트 중 하나인 책 쓰기는 남의 나라 이야기일 뿐이었을 것이다.

내가 책을 쓰고 싶었던 궁극적인 이유는, 타인에게 받은 것을 나누고 싶어서였다. 부자도 아니고, 평범한 회사원에 팔로우가 7만 명이 넘는 작은 페이지를 운영하는 사람이지만, 아재글로 인해 받은 게 많았다. 부모님도 어릴 때부터 "많은 경험을 하고, 남을 도우라."고 가르치셨다. 그래서 아재글을 통해 얻은 수익을 일본군 위안부 역사관인 나눔의 집에 후원하거나, 초록우산 어린이재단과 한국어린이안전재단에 기부했다. 앞으로도 이러한 나눔을 꾸준히 이어갈 계획인데, 운동을 좋아하는 만큼 가정 형편이 어려운 운동선수들을 후원할까 한다.

적은 금액으로 기부하면서 생색낸다고 메시지를 보내는 사람도 있다. 사람인지라 처음에는 상처받았는데, 이젠 신경도 쓰지 않는다. 금액에 상관없이 좋은 일은 널리 알리는 게 좋다고 어느 방송에서 요리연구가 백종원이 이야기했는데, 공감한다. 나의 스토리를 통해 누군가가 영향받아 또 다른 좋은 일을 할 수 있다고 믿어서다.

아재글을 운영하며, 성공하고 싶어 하는 사람이 상상 이상으로 많음을 느꼈다. 나 또한 그런 사람 중 하나다. 재미있는 것은 성공한 사람들의 비결은 다양하면서도, 비슷한 부분이 많다. 또 우리가 이미 아는 내용도 꽤 있다. 이를 통해 많은 사람이 성공하는 방법을 알면서도, 실천하지 않는다는 사실을 알 수 있다. 한 번쯤은 들었는데도 자주 상기시키지 않아 잊고 지내기도 한다. 같은 것을 보고 똑같이 자극을 받아도, 그 자극이 삶에 지속해서 영향을 끼치는 사람이 있는가 하면, 잠시뿐인 사람도 있다. 같은 콘텐츠도 받아들이는 사람의 마음가짐에 따라 그 결과는 천차만별이다.

무언가에 영감을 받아 마인드를 바꾸고, 행동을 바꾸는 건 자기 자신의 몫이다. 인생에서 모든 선택은 스스로 하는 것이고, 책임도 본인이 져야 한다. 이 책은 인생을 살면서 우리가 겪는 다양한 사례를 정리해 담은 책이다. 어떻게 보면 뻔한 얘기일 수도 있고, 어떻게 보면 삶의 전환점이 될 만큼 큰 도움이 될 수도 있다. 그 말인즉슨, 읽는 사람의 마음에 따라서 가치가 달라질 수 있다는 얘기다. 선택은 당신의 몫이다. 부디 당신 삶에 조금의 긍정적인 변화가 생겨, 원하는 삶을 살아가는 계기가 되는 책이 되길 바란다.

목차

PART 1.
쉬우면서도 어려운 인간관계

PART 2.
당신이 실패해온 이유

PART 3.
성공하는 사람들의 비결

PART 4.
내 인생을 위한 현실적인 선택

PART 1.

쉬우면서도 어려운 인간관계

태어난 순간부터 사람은 '사회'라는 커뮤니티를 형성해 더불어 살아간다. 살다 보면 정말 많은 사람과 관계를 맺으며 살아가게 되는데, 별의별 성격을 다 만나게 된다. 그런 다양한 사람을 만나서 웃기도 하고, 울기도 하며 수많은 감정 속에서 살아간다. 인생을 살면서 '인간관계'는 우리의 인생에서 떼려야 뗄 수 없다. 학교에서, 회사에서, 모든 생활 터전 등에서 누구나 마주하는 현실이다.

모두가 인간관계를 잘하는 건 아니다. 내가 당연하다고 생각하고 내뱉은 말은 때론 누군가에게 행복이 되고, 때론 누군가에게 '마음의 상처'가 될 수도 있으며, 나이와 성별에 상관없이 받은 상처는 마음속 깊이 자리를 잡을 수도 있다.

이번 파트에서는 살면서 쉽게 겪는 인간관계의 사례들을 풀어봤다. 모두 많은 사람이 겪어본 적이 있고, 공감할 만한 내용들이다. 누구나 들어본 '라떼 이야기'부터 물건을 구매했을 때의 주변반응 등 다양한 사례를 담았다. 내가 그동안 너무 당연하게 생각해 왔던 행동들이 누군가에게 상처를 주진 않았는지 잘 생각해보자.

1
물어보지 않은 라떼는 그만

사람은 추억을 먹으며 사는 동물이라고 한다. 그만큼 추억은 마음을 움직일 만큼 상당한 에너지를 갖고 있다. 지금은 종영된 MBC 〈무한도전〉에서 기획한 '토토가(토요일! 토요일은 가수다)'와 JTBC의 〈슈가맨〉이 인기를 끌었고, 최근에는 20년 만에 포켓몬 빵 열풍이 일어났다. 이것만 봐도 추억을 불러일으키는 향수의 힘을 느낄 수 있다.

실생활에서도 과거를 추억하는 경우가 많다. "나 때는 말이야"로 시작하는 일명 '라떼형'으로 이야기하는 상황이다. 이는 보통 나이 많은 사람이 자기보다 어린 사람에게 "나 때는 이만큼 힘들었는데, 지금은 세상 살기 좋아졌다. 그러니 견뎌라."는 뻔한 결말로 이어지는 스토리일 때가 많다. 그래서 이를 비꼬면서 "라떼 향 폴폴 풍긴다."라고도 한다.

그런데 아이러니하다. 대부분은 추억하는 걸 좋아하는데, 왜 추억을 되뇌는 사람을 '라떼형'이라 지칭하며 싫어하는 것일까? 그 이유는 바로 전혀 공감도 안 되고, 나와는 관계도 없는 말을 반복해 무용담처럼 늘어놓기 때문이다. 게다가 누가 물어보지도 않았는데, 말을 시작한다. 들어보면 조언을 핑계 삼아 자기가 젊었을 때, 열악한 환경 속에서도 성과를 냈다는 자화자찬하는 내용이다. 그러면서 현재 젊은 세대에게 "나 때는 진짜 힘들었는데 지금은 많이 편해졌네? 너네는 좋은 세상에서 사는 거야."라며 무시한다. "네가 더 힘든 걸 안다고 내가 안 힘든 것도 아니다." 라는 코미디언 유병재의 말처럼, 어른들이 과거에 힘들었다는 걸 안다고 해서, 지금의 젊은 세대들이 안 힘든 것도 아니다.

어떤 일을 처리하는데 문제가 발생해서 잠시 늦어지고 있다고 가정하자. 갑자기 나이 든 상사가 와서 "나 때는 그런 거 상관없이 맨몸으로 부딪혀서 다 해냈어! 그러니까 너네도 그냥 해."라고 한다. 이 말을 들은 사람이 '그래, 우리도 열심히 하면 될 거야! 최선을 다해보자.'라고 생각할까? 전혀 아니다. '저 꼰대는 또 뭐라는 거야? 안 되는 걸 갑자기 어떻게 하라는 거야?'라며 짜증부터 낼 것이다.

일을 지시받은 입장에서 잘 생각해보자. 상사가 힘들었던 과거는 나와는 전혀 상관없다. 그냥 하라는 대책 없는 강요보다 현실적인 방법을 알려줘야 해결해 나갈 수 있다. 직접적인 비교 대상이 아닌, 심지어 시대마저 달랐던 때의 일을 들먹여서 열심히 하라고 하면, 누가 공감하고 따를까? 스포츠처럼 똑같은 룰이 있는 것도 아니다. 그런데도 너네는 환경 탓을 하고, 노력도 안 한다니 전혀 공감하지 못하는 말을 쏟아낸다. 당연히 듣는 사람은 기분이 나빠진다. MZ세대는 자기가 해야 하는 타당한 이유와 해결 방법을 듣고 싶어 한다. 본인이 이해해야 몸과 마음을 움직이는 세대다.

어른들이 MZ세대를 이기적이라고 표현하는 걸 많이 들었다. 전체를 생각하지 않고 자기의 이익만 추구한다고. 개인주의를 이기적이라고 받아들이기도 한다. 하지만 개인적인 것과 이기적인 것은 전혀 다른 의미를 갖고 있다.

얼마 전 유튜브를 통해 〈고막메이트〉라는 방송을 보게 되었다. 거기서 작사가 김이나는 "이기주의와 개인주의는 다른 말이잖아요. 개인주의는 나를 먼저 챙길 줄 아는 사람들이에요. 제 또

래도 '나를 먼저 챙기고 사랑하자.'면서 힐링하자고 해요. MZ세대는 그걸 깨달은 세대가 아닌가 싶어요. 윗세대에게 제일 필요한 것은 '아. 그렇구나.'라는 수용이에요. 내가 고개를 갸우뚱하는 말을 들었어도 '아, 그렇구나. 그럴 수 있구나.'라고 할 수 있어야 해요. 다 납득할 수는 없으니까요."라며, 개인주의와 이기주의는 다른 것이라고 선을 그었다.

MZ세대의 대표적인 특징은 본인의 이익을 챙기고, 자기를 가꾸려고 하는 것이다. 이게 나쁜 건 아니다. 사람마다 삶의 방식이 다르고, 서로 개인적인 영역을 터치하지 않으면 된다. 외국에 나가보면 개인주의가 일반적인데, 그 사람들을 전부 이기적이라고 할 수 없다. 앞서 언급한 김이나의 말처럼 개인주의와 이기주의는 전혀 다르다.

지금의 어른들이 진짜로 MZ세대가 자신을 따르게 만들고 싶다면, 공감할 수 있도록 듣는 사람의 상황부터 이해하려는 자세가 필요하다. 그렇게 라떼를 찾는 사람도 젊었을 때는 윗사람을 꼰대라고 생각해 싫어했을 것이다. 그런데 왜 본인이 욕했던 사람과 같은 길을 가려고 하는 걸까? 물어보지 않은 라떼는 그만 찾고, 확실하게 이유를 설명해주자. 존경받고 싶으면 남을 먼저 존중해줘야 한다.

MZ세대도 마찬가지다. 윗사람의 입장도 생각해봐야 한다. 자기 의견을 내세우려면, 일방적인 주장보다는 상대를 설득할 수 있는 타당한 근거 제시가 필요하다. '무조건 내 말이 맞고, 저 사람은 꼰대라서 이해를 못 해.'라는 사고방식은 설득력이 없다. 그저 서로의 거리만 더 멀어지게 한다. 말이 통하지 않는다고 '꼰대'라고 욕해봤자, 나에게 소득으로 돌아오는 게 없다. 만약 정당한 근거도 제시하고, 예의 바르게 얘기했는데도 "어린놈이 뭘 안다고.", "시키면 그냥 시키는 대로 해."와 같은 답변이 돌아온다면 답이 없는 사람이다. '사람은 고쳐 쓰는 거 아니다.'라는 말도 있다. 고정관념에 사로잡혀 살아온 사람은 바꾸는 게 거의 불가능하다. 그러니 참고 일하는 게 가능하다면 그렇게 하고, 아니면 멀리하는 게 마음 편하다.

소통은 일방적이면 안 된다. 다 같이 노력해야 한다. 세대 차이가 있어 생각이 다른 건 어쩔 수 없다. 서로 다른 점을 무조건 틀렸다고 하지 않으면 된다. 틀린 것과 다른 것은 전혀 다르다. 인정할 건 인정하고, 서로를 이해하려는 마음가짐이 올바른 소통의 첫 시작이다.

2

남이 원치 않는 좋은 지적은 없다

기성세대와 MZ세대 간의 갈등을 불러일으키는 '라떼형'에 대해 이야기했다. 이는 조언의 잘못된 방법이 원인이라고 생각한다. 조언은 누군가 올바른 길 또는 더 나은 방향으로 갈 수 있도록 인도해주는 것이다. 의미 자체는 좋다.

그러나 조언이라고 해서 무조건 좋은 건 아니다. 어른들이 MZ세대가 진심으로 잘됐으면 하는 마음이 있다면, 가장 우선으로 생각해야 할 부분은 MZ세대가 조언을 받아들일 준비가 되어 있는가이다. '소귀에 경 읽기'라는 속담이 있다. 받아들일 준비가 안 되어 있으면 아무리 좋은 말이라도 소용없다. 또 듣는 사람, 하는 사람 모두가 스트레스받는 일이다.

학교 다닐 때, 특강을 들어본 적이 있을 것이다. 초빙된 강사는 인생에 도움 되는 말을 많이 해준다. 그런데 꽤 많은 학생이 졸거나, 딴짓을 한다. 당연히 강의 효과도 없다. 듣는 사람이 준비되어 있지 않아서다.

MZ세대가 지적을 많이 하는 사람을 가리켜 '꼰대'라고 부르는 이유는, 조언이라면서 무조건 가르치고, 바꾸려고 하기 때문이다. 조언이라는 듣기 좋은 말로 포장하지만, 결국엔 "너희가 하는 건 잘못됐어."라는 의미를 담고 있다. 조언보다는 지적에 가깝다.

웹 예능 〈고막메이트〉에 올라온 사연 중, MZ세대들이 꼰대로 생각해서 어떻게 조언을 해줘야 하는지 고민이 된다는 내용이 있었다. 이에 작사가 김이나는 "'어떻게 조언 해줘야 할까요?'라는 질문이 잘못된 게 아닌가 싶어요. 그냥 이해해야 하는 문제지 '이걸 어떻게 고칠까?'라는 문제가 아니잖아요."라고 말했다. 정말 잘못된 것은 고치는 게 맞지만, 'MZ세대의 행동이 애초에 잘못됐다.'는 생각을 기본적으로 깔고 가면 안 된다는 의미다.

상대방이 먼저 조언을 구하는 경우에는 얘기해줘도 되지만, 바라지도 않는데 조언을 가장하며 지적하면 의미가 퇴색된다. 듣는 사람이 조언이라고 받아들이지도 않는다. 나도 종종 조언할 때가 있는데, 요청하는 사람에게만 한다. 원치 않는데 해봤자 소용없는 걸 알기 때문이다. 이 사실을 알기 전에 해왔던 모든 조언에 대해 후회하기도 했다. 듣는 동생들과 친구들이 얼마나 스트레스를 받았을지, 생각만 해도 끔찍하다. 원치 않는 조언은 잔소리일 뿐이다.

지금은 조언해달라고 요청받아도 굉장히 조심스럽다. 내 조언이 그 사람의 인생을 바꿀 만큼 큰 영향을 줄 수도 있기 때문이다. 그래서 내 말이 정답이 아니라는 얘기를 꼭 한다. "나는 이런 경험을 통해 이렇게 생각한다. 각자 상황과 입장이 다르니, 내가 하는 말이 절대 정답은 아니다. 내 의견은 참고만 하고, 네 입장과 상황에 맞게 신중하게 판단하길 바라."라고

개그맨 정형돈은 조언이 가지는 무게에 대해 실제로 겪었다고 한다. 유명해지면서 강연 제의를 많이 받았는데, 지금은 그 어떤 강의도 하지 않는다고 한다. 어느 대학교에서 강의하면서 깨달은 것이 계기가 되었다. 강의 도중에 개그맨 지망생이 아닌 일반 학생에게 꿈에 대한 질문을 받는데, 문득 든 생각이었다고 한다.

"만약 저와 같은 길을 가고자 하는 사람이라면 조언을 해주겠어

요. 그런데, 개그맨 지망생도 없는 상황에서 내 얘기를 하고 있는 게 너무 웃긴 거예요. 그 학생들이 가고자 하는 길에 대해서 아는 것도 없는데. 나이가 많다는 이유만으로 내 얘기를 하고, 그 사람들이 내 얘기에 귀 기울여서 변한다는 게 너무 무서웠어요. 그래서 저는 그날 이후로 강의를 안 해요. 내 말에 사람들이 휩쓸릴까 봐."

내가 현재 정답이라고 생각하는 것도, 시간이 지나서 돌아보면 정답이 아닌 경우가 많다. 다른 사람에게 해줄 수 있는 말은 참고만 하고, 스스로 판단하고 책임지라고 해야 한다. 정답이라고 의견을 제시했다가, 아닌 경우가 생기면 대신 책임져줄 수도 없다. 책임질 수 없는 조언은 쉽게 해선 안 된다.

3

무조건 겸손하다고 미덕이 아니다

겸손이 미덕이라고 한다. 그런데 이제는 겸손이 미덕이라는 말이 통하지 않는다. 겸손한 게 때론 좋지만, 너무 겸손하면 좋지 않기 때문이다. 겸손하기만 하다가 손해 보는 게 너무 많아지는 세상이다. 겸손하다고 나를 알아주는 시대가 아니다. 겸손하기보다는 자신의 장점을 스스로 어필해야 한다.

겸손을 잘못 알고 있는 경우도 많다. 겸손을 사전에서 찾아보면 '자신을 낮추며 상대방을 인정하고 높이는 욕심 없는 마음 상태'라고 정의하고 있다. 그런데 겸손하지 않으면 예의가 없다고 받아들이는 사람도 많다. 그래서 자기 자신을 먼저 챙기는 MZ 세대를 '싸가지 없다.'고 생각하기도 한다. 하지만 겸손하지 않은 게 예의가 없는 건 아니다. 릭 워렌 목사는 "겸손이란, 자신을 과소평가하는 게 아니라 나를 덜 생각하고 남을 더 생각하는 것"이라고 했다. 일반적으로 생각하는 겸손과는 조금은 다른 의미다.

예의 없다고 부정적인 시선을 받기도 하지만, 개인적으로 자기 의견을 당당하게 말하는 자신감 있는 모습이 MZ세대의 굉장한 장점이 아닐까 한다. 이는 자기 자신을 드러내야 하는 요즘 시대에 딱 맞는 자세다.

웹 예능 〈고막메이트〉 예시를 많이 드는데, 그만큼 최근 내게 강한 인상을 남긴 프로그램 중 하나다. 여기서 래퍼 딘딘은 MZ세대의 장점에 대해 말했다.

"예전에는 아닌 게 있어도 말을 못 했다. 위에서 하라는 대로 했다. 하지만 MZ세대는 아닌 건 아니라고 할 줄 안다. 그 과정에서 오는 리스크도 있지만, 당당하게 말하는 사람이 많아질수록 허례허식과 관습이 사라질 수 있다. 옛날에 우리는 합당하지 않은 일이 있어도 '위에서 하라는데 어떡하냐?'라면서 그냥 했다. 아닌 건 아니라고 바로 말할 수 있는 게 MZ세대의 최대의 장점이라고 생각한다. 이는 우리가 앞으로 이어가야 할 자세가 아닐까 한다. 그래야 말도 안 되는 일들이 사라진다."

딘딘의 말대로 MZ세대처럼 부당한 것을 얘기하면, 좋은 점이 분명히 있다. 그러므로 계속 말해야 한다. 말하지 않으면 바뀌지 않는다. 쉽게 이해할 수 있도록 직장인의 월급으로 비유해 설명해보겠다. 하는 일에 비해 월급을 적게 받고 있는데, 가만히 있으면 회사에서 올려줄까? 아니다. 사장 입장에서는 적게 주는 걸 당연하다고 생각할 것이다. 얘기를 안 하면 불만도 없을 거라고 확신한다. 그러니 가만히 있을 게 아니라, 본인 이익은 스스로 챙겨야 한다. 자신이 어떤 일을 하는지 보여주며, 마땅히 받아야 할 부분은 정당하게 요구해야 한다.

MZ세대가 왜 해야 하는지 이해도 못 하고 있는데 "하라면 하는 거지 무슨 말이 그렇게 많아?"라고 하면 안 된다. 왜 이 일을 해야 하는지 설명해줘야 하는 세대고, 사실 어느 세대를 막론하고 설명해줘야 하는 게 맞다. 이성적으로 생각해봐도 자기가 왜 하는지도 모르면서 하고 있는 상황은 참 바보 같다. 그런데 막상 일을 시키는 사람에게 설명해달라고 해도 많은 사람이 설명하지 못한다. 본인도 그렇게 해왔으니 그냥 시키는 거다. 관행대로 해왔으니까 잘못된 걸 알면서도 고치지 않는다.

시간이 흐를수록 세상이 변하고, 사람들의 생각도 변한다. 가령, 과거에는 실내 흡연을 당연하게 생각했다. 하지만 흡연 문화를 바꾸자고 주장하는 사람이 늘어나자 인식이 바뀌기 시작했다. 그래서 이제는 지정된 구역에서만 흡연해야 하는 문화가 되었다. 그로 인해 아무 데서나 흡연하던 사람들이 눈치 보면서 흡연하고 있다.

겸손해야 한다고 생각해 자기주장을 억누르는 게 미덕은 아니라고 생각한다. 자신을 낮추는 게 겸손이 아니다. 부당한 일이 있으면 없애야 한다. 지금까지 해왔다는 이유로, 왜 하는지도 모르는 채 시키는 대로 하는 건 잘못된 것이다. 부당하다고 생각하면 확실히 말해야 한다. 그리고 그 주장이 통하려면 설득력 있는 확실한 근거가 뒷받침되어야 한다. 터무니없는 주장만 하면, 원하는 것을 얻을 수 없다. 나의 생각을 전달하려면, 당당하게 말할 수 있는 실력을 갖춰야 한다.

4
말하기 전에 생각해봐라

대화를 하다 보면 기분 나쁘게 하는 말들이 있다. 듣는 사람의 입장은 생각도 안 하고, 일방적으로 자기 편한 대로 표현해 불쾌하게 만드는 것이다. 일상에서 말실수로 상대방을 기분 나쁘게 만드는 일은 흔한데, 가장 큰 문제는 그런 말들이 가진 부정적인 면을 전혀 인식하지 못하고 내뱉는다는 점이다. 또 말하는 사람이 의도하지 않았더라도, 상대방을 기분 나쁘게 했다면 잘못된 행동이다. 의도하지 않았다고 해서 문제가 없는 것은 아니기 때문이다. 그리고 아무 문제를 못 느끼고 가볍게 생각해서 쓰다가, 정작 본인이 들으면 화내는 상황도 있다. 자기가 사용할 땐 몰랐지만, 듣는 입장이 되면 비로소 안 좋은 말이라는 걸 알게 되는 것이다.

지금부터 우리가 흔히 쓰는 '들었을 때 기분 나쁜 말' 몇 가지를 예시로 들어보려 한다. 모두 누구나 한 번쯤 들어본 말로, 기분 나쁜 이유에 대해서도 충분히 공감하리라 생각한다. 스스로 이러한 말들을 사용한 적이 없는지 생각해보는 시간도 함께 가지면 좋겠다.

첫 번째는 "기분 나빠하지 말고 들어."다. 이 말은 지적할 때 많이 쓴다. 내가 지적할 건데, 기분 나쁘더라도 기분 나빠하지 말고 받아들이라는 의미가 담겼다. 말로는 기분 나쁘게 듣지 말라면서, 본론을 듣기도 전에 기분 나쁘게 만든다. 대부분의 사람은 이 말을 듣는 순간, 본능적으로 안 좋은 말이라는 걸 느끼고, 대화를 시작하기 전부터 기분이 상해서 어떤 말을 해도 좋게 들리지 않는다. 진짜 듣는 사람을 기분 나쁘게 하고 싶지 않다면, 이 말은 하지 않는 게 더 낫다.

두 번째는 "내가 너 그럴 줄 알았다."다. 누군가 실수를 했을 때, 그 사람의 실수를 마치 예상했다는 식으로 비꼬며 말하는 것이다. 만일 내가 그럴 줄 알았다면 미리 알려주고, 그런 일이 일어나지 않도록 도와주는 게 맞다. 그런데 뒤늦게 비꼬는 건 무슨 심보인가. 원래 실수할 줄 알면서도 아무 말도 안 해준 사람이 더 나쁜 법이다. 상황이 벌어지기 전에 가르쳐줄 게 아니라면 "내가 너 그럴 줄 알았다."는 말은 하지 말자. 이런 말은 안 하는 것보다 못한 말이다. 차라리 조용히 가만히 있자.

세 번째는 "다 널 위해서 하는 말이야."다. 이것도 지적하거나 조언할 때 쓰는 말이다. '나의 지적은 너에게 도움 되고, 널 위해서 하는 말이니 타당한 거야.'라는 의미다. 이 말은 나도 친한 친구들에게 많이 했었다. 발전할 가능성이 있는데도 실패가 두려워 노력도 안 하기에 답답해서 잔소리할 때 써왔다. 그런데 상대방이 자기를 위해서 하는 말로 받아들이지 않아서, 이제는 쓰지 않고 있다. 아무리 도움 되는 말을 해줘도, 본인이 절실하게 느끼지 않으면 소용없었다. 대체로 서로 기분만 나빠졌다. 이것과 비슷한 말로는 "뭐라고 하는 게 아니라."도 있다. 말은 뭐라고 하는 게 아니라고 하지만, 뭐라고 하는 게 맞다. 이 말도 들으면 '뭐라고 하는 게 아니긴 개뿔'이라는 생각이 들게 만든다. 말하는 사람이 듣는 사람을 도와주고 싶어서 하는 말이지만, 공감이 안 되면 잔소리로만 들린다.

마지막은 개인적으로 제일 싫어하는 말이다. 바로 "아님 말고."다. 상대방이 잘못했다고 착각해 실컷 지적하다가, 사실이 아닌 것으로 밝혀졌을 때 많이 쓴다. 본디 본인이 오해했다면 사과부터 하는 게 맞다. 그런데 사과는커녕 아무 일도 없었던 것처럼 갑자기 사라진다. 사과는 하기 싫고, 지적하며 일장 연설한 것이

괜히 민망하니까 "아님 말고."라며 잘못이 전혀 없는 것처럼 행동한다. 이런 사람에게 왜 그렇게 말하느냐고 물어보면, 도망가기 급급하다.

비슷한 말로 "그럴 수도 있지, 뭘 그런 걸 가지고 그래."도 있다. 자기의 행동은 충분히 누구나 할 수 있는 것이라며, 정당성을 부여한다. 이미 실컷 욕한 다음에 아닌 게 밝혀지면 "그럴 수도 있지, 뭘 그런 걸 가지고 그래."라면서 상처받은 사람을 소심한 것처럼 만들어 버린다. 당한 사람은 소심한 게 아니라 억울한 거다. 하지도 않은 일로 욕을 먹으면 억울한 건 당연하다. 사과할 것도 아니면서 왜 잘못도 없는 사람을 다그쳐서, 더 속상하게 만드는지 이해할 수 없다. 이외에도 "친구끼리 왜 그래.", "장난친 거 가지고 왜 화를 내?", "예능을 왜 다큐로 받아들이냐?", "우리 사이에 내가 이런 말도 못 해?" 등이 있다.

물리적으로 사람을 때리는 것만이 폭력이라고 생각하지 않는다. 언어폭력도 폭력이다. 말로 사람을 죽일 수 있는 시대다. 정말 많은 사람이 남에게 상처받고, 스스로 목숨을 끊는 극단적인 선택을 하기도 한다. 그러므로 말할 때는 정말 신중하게 해야 한다. 나의 말 한마디가 상대에게 상처를 주고, 그 상처가 인생을 좌우할 정도로 큰 영향을 끼친다는 걸 명심하자.

5

도와줄 게 아니라면 가만히라도 있자

집, 차, 가방, 시계 등 고가의 제품을 사면 사람들이 알아보고, "얼마짜리야?"라고 물어볼 때가 있다. 특히 물건이 고가로 보일수록 가격에 관심을 가진다. 가격을 말해줘야 하는 의무는 없지만, 대답할 때는 상대방에게 "잘 샀네, 부럽다."라는 말을 듣고 싶은 게 사람 마음이다. 큰 금액을 투자한 만큼 인정받고 싶은 것이다.

그런데 기대와는 다른 반응이 돌아올 때가 있다. "그 돈이면 이게 낫지 않아?"처럼 내 선택을 후회하게 만드는 말이다. 이런 말을 들었을 때는 '진짜 잘못 샀나?' 싶기도 하고, '내 돈 주고 샀는데 무슨 상관이야?'라는 생각도 든다. 또 돈을 보태준 것도 아니면서 왜 그러는지 의문이 든다.

차를 예로 들어보자. 큰 금액이 들어가기에, 차를 구매할 때는 누구나 신중하다. 짧게는 며칠, 길게는 1년 이상 고민하기도 한다. 나도 작년에 6년 타던 경차에서 현재의 차로 바꾸기까지 1년 이상 고민했다. 그동안 유튜브의 리뷰를 찾아보기도 하고, 직접 시승도 하면서 내 경제적 여건에서 최선의 선택을 했다.

고민 끝에 선택했는데 "그 돈이면 이게 낫지 않아?"라는 말을 들으면 어떨까? 사람마다 정도의 차이는 있겠지만 대부분 기분 나빠한다. 내 상황도 잘 모르면서 뭘 안다고 그렇게 얘기하는지 불쾌한 감정이 들기도 하고, 순간 욱해서 내가 선택한 이유를 설명하기도 한다. 흥분해서 설명하면, 상대방은 "뭘 그렇게까지 얘기해."라며 나를 이상한 사람처럼 만들기도 하고, 당사자인 나는 '내가 왜 이걸 설명하고 있지?' 하는 자괴감이 들기도 한다.

그런데 "그 돈이면 이게 낫지 않아?"라고 말한 사람에게 이유를 물어보면, 제대로 알고 조언해주는 것도 아니다. "그냥, 그게 나을 것 같아서."라는 경우가 많다. 그렇다. 이유는 '그냥'이다. 깊이 생각하지 않고, 순간적으로 드는 생각을 뱉은 것이다. 그렇게 무심코 한 말에 내가 오랜 시간 했던 고민의 결실이 허무해지고, 나는 '호갱'이 되어 있다.

모든 사람이 다 그런 건 아니다. 나를 진심으로 걱정해서 조언해주는 사람도 있다. 그런 사람은 고마운 사람이다. 그들은 나를 위해서 최선이라고 생각하는 자신의 의견을 전달한다. 환불이나 교환이 가능하도록 도움까지 주기도 한다. 그런데 그게 아니라면, 의견을 듣는 당사자는 기분 나쁘다. 들었던 말이 자꾸 머릿속을 맴돌아, 선택한 것을 후회하기도 한다.

진짜 잘못된 선택을 하는 일명 '호구'가 되지 않게 해주고 싶다면, 정확한 정보를 알려주고, 실질적인 도움을 줘야 한다. 그런 마음이 아니라면, "그 돈이면 이게 낫지 않아?"라는 말보다는 "잘 샀네. 부럽다."라는 말을 해주는 게 서로의 관계를 위해서 더 낫다. 도움을 주지도 않을 거면서 상대의 기분을 나쁘게, 상대의 선택을 잘못된 선택으로 만들어버리지 말자.

6

앞에서 할 수 없는 말은 뒤에서도 하지 마라

날씨부터 음식, 돈, 인간관계 등 우리는 수도 없이 많은 얘기를 한다. 대화를 하다 보면 그 자리에 없는 사람에 대한 이야기를 할 때도 있다. 예전에 어땠고, 지금은 어떻다 하면서 자리에 없는 사람을 평가하는 경우가 있다. 그런데 이때, 말실수할 가능성이 굉장히 높다. 아무 생각 없이 툭 뱉다 보면 나도 모르는 사이 뒷담화를 쉽게 해버리는 것이다.

뒷담화는 굉장히 안 좋다. 대체로 당사자 앞에서 하지 못하는 말을 뒤에서 수군대며 하는 경우가 많기 때문이다. 실제로 좋은 이야기보다 험담이 주를 이룬다. 이러한 이유로 뒷담화라고 하면 부정적인 인식이 강하다.

대한민국에서 손꼽히는 MC인 신동엽은 다른 사람의 험담을 하지 않는다고 한다. 당사자 앞에서 농담을 하면 했지, 절대로 뒤에서 욕하는 일은 없다고 한다. 험담의 위험성을 잘 알고 있어서다.

신동엽은 예능 프로그램 〈마녀사냥〉에서 "다른 사람 험담하잖아요? 근데 정말 친하거나 특별한 관계가 아닌 이상 험담했던 게 다 돌아오더라고요. 그래서 저는 다른 사람 이야기를 안 해요. 그리고 누군가가 저한테 '그 사람이 나를 욕했다.'고 하면 저는 얘기를 전한 사람을 멀리해요. 그만큼 말은 조심해서 해야 해요. 특히 나이가 어리거나 사회생활 많이 안 해본 사람들은 진짜 남 얘기 조심하세요."라고 말했다.

신동엽이 얘기를 전한 사람도 멀리하는 이유는 이간질 때문이다. 전달하는 사람의 의도가 이간질이 아니라고 하더라도, 결국 이간질이 되어버린다. 이간질하는 사람 대부분은 본인이 직접 듣지 않은 것도 전한다. 일명 '카더라 통신'이다. 사실 여부는 중요하지 않다. 오로지 어떤 얘기든 전달해 상황을 악화시키고, 싸움을 붙이는 게 목적이다. 만약 실제로 싸움이 붙는다면, 책임지지 않고 뒤로 살짝 빠진다. 이 사람 역시 도움 되지 않는 유형이기에 멀리하는 게 낫다.

'발 없는 말이 천 리 간다.'고 한다. 뱉은 말이 금방 퍼져나간 다는 뜻이다. 안 좋은 말이면 더욱 빨리 소문난다. 그리고 사람들의 입으로 전해질 때는 내가 했던 말 그대로가 아니라, 사실과 다르게 전해질 가능성이 높다. 내가 하지 않은 말도 추가돼 걷잡을 수없이 커진다.

국민 MC 유재석은 "앞에서 할 수 없는 말은 뒤에서도 하지 말라."고했다. 누군가에 대해 하고 싶은 말이 있으면 당사자에게 직접 하고, 만약 직접 하지 못하는 상황이라면, 아예 하지 않는 게 낫다. 당사자가 아닌 제3자에게 말하면 괜한 오해를 불러일으킬 수 있다.

7

먼저 하는 인사는 기회를 불러온다

누군가를 만나면 기본적으로 하는 게 인사다. 어느 나라를 가더라도 인사는 꼭 하게 된다. 그런데 인사가 너무 기본적인 것이라 때로는 형식적으로 할 때도 있고, 가볍게 생각하기도 한다.

인사가 가진 힘은 생각보다 크다. 상대방에게 먼저 인사하는 것만으로도 내 이미지가 바뀔 수 있다. 연구 결과마다 다르지만, 사람의 첫인상은 0.1초~10초라는 짧은 순간에 결정된다고 한다. 그러므로 보통 짧은 인사와 그 사람의 외적인 모습에서 첫인상이 좌우된다.

인사를 잘하면 좋은 인상을 주게 된다. 또 나의 존재감을 드러내는 방법이기도 하다. 나는 농구 전문지 〈점프볼〉에서 기자로 활동한 적이 있다. 입사하기 전에 인터넷 기자로 활동을 시작했는데, 인터넷 기자가 되는 과정에서 중요하게 작용한 것 중 하나가 인사다.

당시 〈점프볼〉 편집장은 손대범 기자였는데, 그는 NBA 전문가 조현일 해설위원과 함께 〈파울아웃〉이라는 팟캐스트를 진행했다. 그리고 나는 가끔 서울에서 공개방송할 때 직접 현장에 찾아가 인사를 했고, 그때마다 농구 기자가 되고 싶다고 조언을 구했다. 그런 식으로 인터넷 기자가 되기 전, 손대범 기자를 만난 것은 두 번에 불과했다. 그런데 신기하게도 인터넷 기자에 지원한 후, 손대범 기자와 통화하게 됐는데 "우리 어디서 본 적 있지 않아요?"라고 묻는 게 아닌가. 내가 공개방송에서 몇 번 인사했다고 하자 "맞아요. 농구 기자가 하고 싶다고 했죠?"라며 똑똑히 기억하고 있었다. 공개방송에 수십 명의 사람이 참여했기에 대화를 했다고 하더라도 나를 기억하기란 쉽지 않았을 텐데 말이다. 그 통화 이후로 나는 원주 동부(현 DB)를 담당하는 인터넷 기자가 되어, 1년 동안 학교에 다니면서 기자 활동을 했다. 그 뒤 4학년이 되어 정식 입사 제의를 받고, 농구 기자가 될 수 있었다. 시간이 지나 손대범 기자에게 그때의 이야기를 하자 "농구 기자가 하고 싶다고 직접 찾아와서 인사한 것이 기억에 남았어요. 적극적인 모습이 좋아 뽑았죠."라며 나를 채용한 이유를 알려줬다. 내가 적극적으로 했던 인사가 긍정적인 영향을 미쳤음을 알 수 있었다.

이렇게 인사는 사람들에게 나를 각인시키는 도구가 되고, 좋은 기회를 선물하기도 한다. 또 인사로 나를 알리고, 그것이 계기가 되어 친구가 될 수도 있다. 한마디로 모든 만남, 비즈니스, 사회생활의 기본이 인사다.

배우 유해진은 〈스페인 하숙〉이라는 예능 프로그램에서 인사가 가진 힘에 대해 말했다.

"외국에서 배운 것 중 하나가 인사예요. 특히 아침 인사. 내가 굿모닝의 기분이 아니었는데, 상대가 '굿모닝' 하니 나도 따라 하게 되고, 어느새 굿모닝이 되어 있더라고요."

다시 말해 기분 좋은 상태가 아니었는데, 상대방의 인사에 기분이 좋아졌다는 것이다. 이 말을 통해 인사는 상대방의 기분도 바꿀 힘이 있음을 알 수 있다. 인사한다고 돈이 나가는 것도 아니고, 상대방의 기분을 좋게 만들고, 나도 즐거워지니 이런 인사를 굳이 마다할 필요는 없다.

당장 지금 이 순간부터 인사를 해보자. 쑥스러워서 그동안 살갑게 하지 못했던 가족들, 직장 동료들, 친구들, 생활하면서 마주치는 모든 사람까지. 모두에게 인사를 하다 보면 나도 모르는 사이에 새로운 기회, 새로운 기분, 새로운 인생이 펼쳐질 수도 있다. 그 전에 내가 먼저 당신에게 감사 인사를 전하고 싶다.

"이 책을 구매하고, 읽어주셔서 감사합니다. 지금이 점심이라면 점심 맛있게 드시고, 밤이라면 잘 자요. 만약 아침이라면 굿모닝! 좋은 하루 보내세요!"

8

모두에게 잘 보일 필요는 없다

우리나라는 타인의 시선을 굉장히 많이 의식하는 나라다. 즉, 남이 나를 어떻게 보는지 중요하게 생각한다. 내가 한 행동 하나하나를 남이 어떻게 생각하는지도 엄청 신경 쓴다. 또 남을 너무 의식해서 때로는 자기 소신대로 살지 못하기도 하고, 내 인생의 중요한 결정에 영향을 받기도 한다.

사실 남은 나에게 크게 관심이 없다. 각자 먹고살기 바빠서, 내가 생각하는 것만큼 남 신경 쓸만큼 여유도 없다. 그리고 남 신경 쓰는 것만큼 시간 아까운 것도 없다.

그동안 살아오면서 모두에게 잘 보일 필요가 없다는 걸 많이 느꼈다. 성공한 인생을 살아온 사람의 이야기만 들어봐도, 남에게 잘 보이려고 노력할 필요 없다. 내가 잘나고 능력 있으면, 남에게 잘 보이려고 하지 않아도 잘 먹고 잘살 수 있다. 범죄를 저지르는 것, 도덕적으로 잘못된 일이 아니면, 남의 시선을 신경 쓸 이유도, 그럴 필요도 없다.

주변을 살펴보자. 내 지인만 하더라도, 100% 나를 좋아하지는 않는다. 나에게 불만을 가진 사람이 존재한다. 그런데 어떻게 그 이상의 많은 사람을 모두 만족시킬 수 있을까?

모두에게 잘 보이려고 애쓰면 내가 지친다. 모두에게 잘 보이려면 완벽해져야 하는데, 불가능하다. 설령 완벽한 사람이라고 하더라도, 사람마다 생각과 취향이 달라서 만족시킬 수 없다.

타인이 나를 어떻게 볼지, 욕하지는 않을지 전전긍긍하지 말자. 스트레스밖에 되지 않는다. '유느님'으로 불리며 결점 없는 사람으로 꼽히는 유재석도 모두에게 사랑받지 못한다. 욕먹을 만한 행동을 한 적이 없는데도 그를 싫어하는 사람이 있다. 그걸 알기에 유재석도 "모든 사람을 만족시킨다는 건 현실적으로 너무 어려워요. 그건 포기해야죠. 나에 대한 큰 애정 없는 사람이 이러쿵저러쿵하는 얘기에 너무 흔들리지 않았으면 좋겠어요."라고 말한다.

NBA 레전드 앨런 아이버슨도 말했다. "세상에 나를 좋아하는 사람이 수백만 명이라면, 나를 지독히 싫어하는 사람은 수천만 명일 것이다. 난 나를 좋아하는 사람에게 집중하겠다. 지금의 나를 만든 것이 그들이기에."라고.

아이버슨의 말처럼 지금의 나를 만든 건 나를 좋아해 주는 사람들이고, 나를 싫어하는 사람을 신경 쓸 만큼 내 인생의 시간이 남아도는 것도 아니다. 그러니 아까운 내 시간을 굳이 나를 싫어하는 사람들에게 쓸 필요가 없다. 나를 좋아하고 사랑해주는 사람과 행복한 시간을 보내고, 만족하며 사는 게 나와 내 사람들을 위한 최선의 선택이다.

인생이라는 영화의 주인공은 나다. 주인공은 조연을 따라하지 않는다. 조연 때문에 내 인생의 스토리를 망치지 말자.

9

사랑과 고마움은 표현해야 안다

나를 좋아해 주는 사람이 있으면 표현해야 한다. 그리고 그 표현은 상대방이 알아야 한다. 상대가 느끼지 못하면 소용없다. '내가 사랑하는 걸 느끼고 있을 거야.'라는 생각은 당신의 생각일 뿐이니, 말이든 행동이든 확실하게 느낄 수 있도록 표현해줘야 한다.

개그맨 이영자는 KBS 〈대국민 토크쇼 안녕하세요〉에서 가족 사랑에 대해 이야기한 적 있다. 가족이니까 내가 사랑한다는 걸 당연히 안다고 생각하지 말고, 사랑한다고 표현하라는 게 핵심 내용이다. 이영자가 한 말이 길지만, 당신과 함께 나누고 싶어 그 대로 옮겨왔다.

"제가 살아보니까요, 사랑을 많이 받은 애들이 세상을 이길 힘이 있어요. 난 늘 방황했어요. 지금도 그래요. 우리 아버지는 한 번도 표현해주지 않고, '내 맘 알지?'라고만 했어요. 표현하지 않으면 나를 낳아줬다고 해서 그 마음을 아는 게 아니에요. 내 아이가 내가 사랑하는 걸 안다고 생각하죠? 아니요. 표현해줘야 해요. 알려줘야 해요. 아버지가 그렇게 못하면, 엄마라도 번역해줘야 해요. '아버지는 너를 사랑하는 거란다.'라고. 그런데 우리 부모님은 안 해줬고, 엄마도 안 해줬어요. 끝끝내 안 해줬어요. 내가 50살이 됐는데도. 그래서 우리 세 자매는 똘똘 뭉쳐서 사랑받지 못한 마음을 우리끼리 채워줘요. 힘들어도 또 세상을 살아가야 하니까요. 교육상이고 뭐고 필요 없어요. 무조건 자식에게는 사랑을 줘야 해요. 그래야 세상에 나가서 이길 힘이 생겨요. 아버지가 돈 벌면 뭐 해요? 아이가 아버지가 사랑하는 걸 못 느끼는데. 엄마가 아무리 옆에 있어주면 뭐 해요? 아버지의 사랑을 번역해주지 않는데. 저는 그것 때문에 50년을 방황했어요."

이 세상에 태어나는 순간부터 세상을 떠나는 순간까지 함께하는 건 가족이다. 가족은 남이 알지 못하는 나의 모든 걸 알고 있고, 내가 가장 사랑하며, 무슨 일이 있어도 나를 사랑해주는 사람들이다. 가족을 위해서라면 어떤 일도 할 수 있는 게 사람이다. 그만큼 가족에 대한 사랑은 목숨 그 이상의 가치를 지녔다.

살다 보면 가장 소홀하게 되는 것도 가족이다. 너무 익숙하고 당연하게 생각하기에 놓치고 마는 것이다. 오죽하면 "익숙함에 속아 소중한 걸 잃지 말자."라고 할까.

주변을 돌아보면 아이러니하게도 남에게는 잘하면서 정작 가족에게는 잘해주지 못하는 사람이 있다. 그런데 아무리 남과 친하게 지내고 가깝게 지내더라도, 결국은 각자의 인생이 있기 때문에 관계가 멀어지기 마련이다. 친한 친구라도 나이가 들면서 생활 환경, 경제적 사정 등으로 인해 점점 연락이 뜸해질 수 있다. 심지어 가까이 살아도 만나기 힘들다. 결혼하면 더욱 시간을 내기가 어려워진다. 이게 현실이다. 그렇다고 서운하게 생각할 필요는 없다. 각자의 방향과 환경대로 열심히 살아가는 것뿐이다.

연인 사이에서도 사랑을 계속해서 표현해줘야 한다. '매일 하니까 안 해도 되겠지?'라는 생각과 "사랑해."라는 말에 "사랑해."라는 답변이 아닌 "나도."라는 말이 반복되면, 상대방은 서운할 수밖에 없다. 그게 쌓이면 상대방은 사랑이 식었다고 느끼고, 멀어지게 된다.

고마움을 전할 때도 마찬가지다. 아무리 작은 도움이라도 당연하게 생각하면 안 된다. 고마운 일이 있으면 "고맙다."고 확실하게 표현해야 상대도 기분이 나쁘지 않다. 고맙지만 너무 작은 일이라서, 매일 받는 일이라서 표현하지 않는다면, 상대는 '내 도움이 더 이상 고맙지 않나?', '내가 너무 잘해줬나?'라는 생각이 든다. 반대로 내가 잘해줬는데, 상대가 고맙다는 표현을 하지 않는다면, 서운한 게 사람 마음이다. 아무리 고맙다는 말을 들으려고 한 행동이 아니라 하더라도, 상대방의 반응이 없다면 섭섭하다.

제네바 대학교 철학 교수였던 헨리 프레드릭 아미엘은 "신뢰는 유리 거울 같은 것이다. 한 번 금이 가면 원래대로 하나가 될 수는 없다."고 했다. 이 말처럼 신뢰가 깨지면 예전처럼 돌아갈 수 없다.

이 세상에 당연한 건 없다. 부모님의 사랑도, 연인 간의 사랑도, 친구와의 우정도, 직장 동료 간의 도움도. 그러니 사랑한다면 사랑한다고 말하고, 고마우면 고맙다고 말해야 한다. 말하지 않으면 절대 모른다. 말하지 않으면 내 마음을 표현한 게 아니다.

'있을 때 잘해 후회하지 말고'라는 노래 가사도 있다. 영원한 건 절대 없다. 떠나보내고 후회하지 말고, 내 옆에 함께할 때 아낌없이 표현하자. 고맙고 사랑한다고.

시간이 없어서 할 수 없다는 것이 가장 어리석은 변명이다

- 토마스 에디슨 -

PART 2.

당신이 실패해온 이유

성공을 이야기할 때, 마치 성공하는 사람은 미리 정해져 있다고 생각하는 사람이 많다. 아마도 상대적으로 성공하는 사람보다, 실패하는 사람이 많아서일 것이다. 그만큼 성공은 쉽지 않다.

중요한 사실은 성공의 길은 누구에게나 열려있다는 것이다. 그러니 노력하면 지금보다 훨씬 더 나은 삶을 살 수 있다. "노력해도 안 된다."고 말하는 사람도 있을 텐데, 생각과 방법을 바꿔보길 추천한다. 그리고 본인이 하는 노력이 정말 효율적인지, 아니면 방법 자체가 잘못됐는지 따져봐야 한다. 만일 방법이 옳았는데도 안 되는 것이라면, 나에게 맞지 않는 길일 수도 있다.

이번 파트에는 실패하는 사람들의 특징을 모아두었다. 다양한 사례를 풀어두었으니 실패의 경험이 있다면, 혹은 지금 실패를 겪고 있다면 어떤 유형인지 찾아봐라. 그리고 실패한 원인을 찾아 문제점을 개선하길 바란다.

언행일치가 되지 않는 인생

"성공하고 싶으세요?"라는 질문을 받는다고 가정해보자. 대부분 "당연하죠."라고 당당하게 대답할 것이다. 이렇듯 누구나 성공해서 잘 먹고 잘사는 걸 꿈꾼다. 성공해서 자기가 원하는 삶을 살고, 가족 그리고 좋아하는 사람들과 평생 행복하기를 바란다. 그런데 성공을 위해 어떤 노력을 하고 있는지 물으면 "당연하죠."라고 당당하게 대답한 것과는 달리, 답을 못하는 사람이 많다. 이는 성공을 위한 본인의 노력이 자신 없거나, 성공을 위해 구체적인 노력을 하지 않은 경우다.

내가 초등학교에 다니던 1990년대에는 장래 희망을 적어내는 기간이 항상 있었다. 그때마다 주위 친구들은 대통령, 가수, 변호사, 의사, 운동선수 등 사회적으로 크게 성공했다고 인정받는 직업을 적었다. 장래 희망을 적어낸 후에는 사물함에 붙여 놓고, 매일 자기 꿈을 바라보게 해 놨다. 세월이 흘러 친구들이 그때 그 꿈을 이루기 위해 노력했는지 살펴보면, 아닌 경우가 많다. 물론 자기의 꿈을 위해 진심으로 노력하는 사람도 있겠지만, 말로만 성공을 외치고 정작 노력하지 않는 사람이 꽤 많다.

성공하는 사람들은 언행일치(言行一致)의 삶을 산다. 작은 것이라도 자기가 뱉은 말을 지키려고 노력한다. 살면서 실패를 겪기도 하는데, 그때마다 좌절하지 않고 왜 실패했는지 분석해, 다시 도전한다. 처음에는 실패가 잦아도 원인 분석을 통해 실패 확률을 줄여 성공의 맛을 본다. 그렇게 작은 작은 꿈을 하나둘 이루며, 결국 자기가 그토록 원했던 목표를 달성한다.

반대로 실패하는 사람은 이유를 분석하고 실행하기보다는 항상 변명거리를 찾는다. 남들에게 내가 실패할 수밖에 없었다는 걸 설명하고, 설득하기 위해서다. 실패한 이유를 내가 아닌 사회, 환경, 남의 탓으로 돌리고, 내 잘못이 아니라는 걸 강조한다. 또 큰 노력을 하지 않았음에도 불구하고, '어차피 해도 안 된다.'는 생각도 쉽게 한다. 결국 별다른 시도도 하지 않은 채, 포기한다. 그렇게 꿈에 도전하는 잘못된 방법을 선택하고, 끈기도 부족해,

실패라는 결과로 자신을 몰아넣는다. 실패의 원인을 분석할 생각은 하지도 않는다. 그런 건 관심도 없다.

성공하는 사람과 실패하는 사람은 마인드부터 차이를 보이기에, 그들의 인생 격차가 벌어지는 건 당연하다. 성공하는 사람들이 열심히 달려갈 동안, 실패하는 사람은 제자리에 머물기 때문이다. 운 좋게 기회가 찾아오는 경우도 있는데, 그때마다 기회를 날려버리는 건 자기 자신이다. 애초에 노력할 생각도 없다.

『질서 너머』를 집필한 캐나다 토론토 대학교의 조던 피터슨 교수는 "성공하고 싶으면 당장 방부터 치워라."고 했다. 이 말에 '성공과 방 정리가 무슨 관계가 있어?'라는 의문을 가질 것이다. 하지만 방부터 정리하라는 말에는 사소한 것부터 제대로, 부지런하게 하라는 의미가 담겨 있다. 사소한 것도 해내지 못하는 사람은 결국 큰일도 해내지 못한다는 뜻이다.

언행일치를 위해서는 성공하려고 노력하고, 목표 달성을 위해 행동으로 옮기는 습관이 몸에 배어 있어야 한다. 일반인이 보기엔 말도 안 되는 일이라 할지라도, 성공하는 사람들은 자기가 뱉은 말을 지키려고 부단히 노력한다. 그리고 웬만한 실패는 실패라고 생각하지도 않는다. 실패하는 것도 경험을 쌓는 것이고,

배우는 것이라고 생각한다. 또 성공을 위해 시간도 아낌없이 투자한다. 쉬는 것보다 일하는 것을 즐기고, 그 분야에 대해 끝없이 공부하며 발전한다.

마블 코믹스의 인기 히어로 '아이언맨'의 실제 모델인 일론 머스크는 자신의 시간을 아낌없이 투자해 세계 최고의 부자가 된 사람이다. 그는 테슬라를 세계적인 전기차 회사로 만들기 전까지는 미친 사람 취급을 받았다. 일론 머스크의 행동은 보통의 사람과 전혀 달랐기에, 사람들은 그의 말을 믿지 않았다. 대부분 일론 머스크가 계획하는 사업이 현실성 없다고 비판하며, 실패를 예상했다. 사기꾼이라고 조롱하는 사람도 적지 않았다.

그런데도 일론 머스크는 소신을 굽히지 않고, 꿈을 이루기 위해 노력했다. 수많은 실패를 겪었지만, 포기하지 않고 계속해서 도전했다. 자기가 한 말을 지키기 위해 밤낮없이 일하는 건 기본이었다. 결국 일론 머스크는 실패를 예상한 사람들을 비웃기라도 하듯, 테슬라를 세계 최고의 전기차 회사로 만들었다. 현재도 일론 머스크는 우주 업체 스페이스 X를 통한 스타링크 프로젝트(위성 인터넷 사업)를 시도하며, 많은 사람이 불가능하다고 생각하는 분야에 도전하고 있다.

일론 머스크는 "정말 중요한 일이라면, 남과 다른 생각을 가지고 있더라도, 당신은 그 일을 계속해야 한다."고 했다. 성공은 말로만 한다고 이루어지는 게 아니다. 계획하고 말을 했다면, 성공할 때까지 꾸준히 시도하고 노력해야 한다. 언제까지 말과 행동이 다른 게으른 삶을 살 수는 없다. 당신 인생의 주인은 바로 당신이니, 스스로 자기 인생을 허비하는 악수를 두지 말자.

미국 프로농구 NBA로 시작해 전 세계 농구를 3점 슛 시대로 바꾼 슈퍼스타 스테픈 커리는 말했다. "오늘 반복적으로 한 행동이 나의 미래를 결정짓는다."고. 당신이 지금 하고 있는 행동은 1년 후, 10년 후 당신의 인생을 좌우한다.

2
무의식적으로 흘려보내는 시간

인간에게 시간은 무한하지 않다. 하루 24시간, 1년 365일이 계속 찾아오는 게 아니다. 100세 시대라고는 하지만, 모두가 100세까지 사는 건 아니다. 불의의 사고로 일찍 세상을 떠날 수도 있고, 병에 걸려 삶을 일찍 마감할 수도 있다. 삶은 한 번뿐이고, 다음 인생이 보장되어 있지도 않다. 모두에게 한정된 시간을 어떻게 활용하느냐에 따라, 단 한번 주어진 자기 인생이 달라진다.

시간을 활용하는 방법은 사람마다 다르다. 학교 다닐 때 공부 잘하는 아이들을 생각해보자. 공부 잘하는 아이는 다른 아이들보다 공부에 쏟는 시간이 많다. 수업 시간에 집중하는 건 물론이고, 쉬는 시간, 점심시간에도 공부하는 모습을 볼 수 있다. 하교 후에는 학원에 가거나 과외 수업을 받는다. 남들이 놀면서 보내는 시간도, 공부를 위한 시간으로 가득 차 있다. 사람마다 차이는 있지만, 공부에 투자하는 시간이 많은 사람은 성적도 좋게 나올 가능성이 높다.

운동선수도 마찬가지다. 프로선수를 꿈꾸는 선수들은 학창 시절에 공부보다는 운동에 집중한다. 현재는 정규수업을 들어야 하지만, 과거엔 수업도 안 듣고 운동에만 매달리는 경우가 흔했다. 그들은 남들이 소풍을 가고, 방학을 즐길 때도 쉬지 않고 훈련하며 실력을 다졌다.

이처럼 꿈을 이루기 위해서는 얼만큼의 시간을 투자하느냐가 가장 중요하다. 만일 지금까지 내가 원하는 꿈을 이루지 못했다면, 나의 꿈을 위해 시간을 어떻게 활용했는지 점검해보자. 여기서 중요한 것은 투자한 시간 동안 행해지는 나의 노력이다. 많은 시간을 투자했다고 하더라도 최선을 다하지 않았다면, 그것은 시간을 투자한 게 아니라 낭비한 것이다. 꿈을 이루려면 후회가 남지 않도록 혼신의 힘을 다해야 한다. 그래도 이룰 수 있을지 없을지 모르는 게 꿈이고, 성공이다.

또 나에게 가장 잘 맞는 방법을 선택해, 성공을 향해 달려가야 한다. 과거와 달리 지금은 공부만이 무조건 답은 아닌 시대다. 모든 사람이 공부를 잘할 수는 없기에 자기가 관심 있고, 잘하는 분야에 시간을 투자해 성공하면 된다. 유튜브, 인스타그램, 페이스북 같은 SNS를 비롯해 스마트스토어, 주식, 코인 등 온라인에서도 돈을 벌 수 있는 방법은 얼마든지 있다. 그리고 직장을 그만두고 올인하지 않아도 된다. 직장에 다니면서 퇴근 후의 시간을 활용해 부업처럼 해도 좋다. 나중에 직장에서 버는 돈보다 더 많이 벌게 된다면, 그때 퇴사해도 늦지 않다. 리스크가 걱정되면 실패할 때를 생각해서 작게 시작하면 된다.

먹방을 하는 '야식이'처럼 취미로 시작해 직업이 된 유튜버도 있고, 마술사 출신의 유튜버 '제이제이'는 고시원에서 생활하며 치킨집 아르바이트와 유튜브를 병행하다가 지금은 전업 유튜버로 살고 있다. 야식이는 115만 명, 제이제이는 70만 명이 넘는 구독자를 보유하고 있다. 이처럼 생업과 함께 이어가다가 크게 성공한 실제 사례도 있으니, 한정된 아까운 시간을 아무 의미 없이 버리지 말고 시간을 잘 활용하면 좋겠다.

가수로 데뷔했지만, 현재는 1조 원 이상의 가치를 가진 회사 JYP 엔터테인먼트의 대표 프로듀서가 된 박진영은 SBS 예능 프로그램 〈집사부일체〉에 출연해 시간 관리에 대해 이야기한 적이 있다. 그는 조금의 시간도 허비하는 게 아까워서 계절마다 입을 옷을 두 벌씩만 준비한다고 한다. 바지는 고무줄 바지로, 신발도 한 번에 편하게 신을 수 있는 것을 고르는 게 그의 원칙이다. 옷 고를 시간이 아깝고, 신발을 신을 때 생각의 흐름을 방해하지 않도록 한다는 것이다. 그는 1초의 시간도 아껴 자기 계발에 모두 투자했기에 정상의 자리에 올라갈 수 있었다.

박진영처럼 1초의 시간까지 아껴 쓰지는 않더라도, 지금의 생활 패턴에서 허비하는 시간을 조금씩 줄여보자. 무엇이든지 한 번에 되는 건 없으니, 내 몸과 마음이 적응할 수 있도록 차근차근 해나가면 된다. 점차 바뀌는 변화는 분명히 당신 삶에 긍정적인 영향을 줄 것이다.

성공 사례를 말했으니, 이젠 실패하는 사람들에 대해서도 말해보겠다. 시간 관리에 실패하는 사람은 시간이 아까운 줄 모른다. 그들은 자신의 시간이 영원한 것처럼 가볍게 생각한다. 그동안 "내일부터 다이어트해야지.", "내일부터는 꼭 영어 공부할 거야."와 같은 말을 많이 하지 않았는지 잘 생각해보자. 이런 말을 해왔다면 대부분 목표했던 것을 이루지 못했을 가능성이 높다. 당장 실천하지 않고, 늘 내일로 미룬다면 성공하기 힘들기 때문이다.

물론 성공할 수도 있다. 타고난 재능을 가지고 있어 별다른 노력을 하지 않아도 쉽게 이뤄내는 사람도 있다. 그러나 이런 경우는 타고난 천재들만 가능한 일이다. 전 세계 인구에서 천재가 몇 퍼센트나 될까? 일반인이 얼마 되지 않는 천재들이 하는 방법으로 성공하기란 불가능에 가깝다. 실패가 뻔히 보이는 잘못된 방법에 소중한 자기 인생을 거는 사람이 되지 않아야 한다.

시간을 낭비하는 사람들에게 벤자민 프랭클린과 유재석이 한 말을 전해주고 싶다.

"그대는 인생을 사랑하는가? 그렇다면 시간을 낭비하지 말라. 시간이야말로 인생을 형성하는 재료이기 때문이다."

_ 벤자민 프랭클린

"지금 이 시간은 우리에게 너무 소중해. 다시 올 수 없는 시간이라는 걸 잊어선 안 돼. 그래서 하루하루 열심히 살아야 해. 그 방법밖에 없어."

_ 유재석

돈이 아무리 많은 사람도 시간을 살 순 없다. 모두에게 시간은 한정적으로 주어진다. 아까운 시간을 그냥 흘려보낼지, 아니면 알차게 활용해 내 인생을 좀 더 건설적인 방향으로 이끌어갈지 선택하는 건 당신 몫이다.

3
부정적인 생각부터 하는 버릇

긍정적인 사람에게는 긍정적인 결과가 찾아오고, 부정적인 사람에게는 부정적인 결과가 찾아온다. 긍정에는 희망, 부정에는 절망이 담겨 있으므로, 긍정적일수록 좋은 결과가 나올 가능성이 커지고, 부정적일수록 나쁜 결과로 이어진다.

사회생활을 하다 보면 많은 사람을 만난다. 그중에 부정적인 사람도 있다. 나도 지금까지 부정적인 사람을 수없이 만났는데, 그들은 뭘 해도 한숨 쉬고, 안 된다는 말부터 한다. 또 과정은 생각하지도 않고, 모든 상황을 부정으로 시작해 부정으로 끝낸다.

외딴섬에 혼자 살지 않는 이상, 인생은 다른 사람과 어우러

지며 살아야 한다. 그런데 부정적인 사람은 타인을 힘들게 한다. 예를 들어 회사의 한 동료가 "그건 안 될 거 같은데.", "나는 별로……."라며 무조건 반대 의견을 내놓으면 어떨까? 좀 더 좋은 아이디어를 위해서라면 얼마든지 날카로운 지적은 환영이다. 하지만 부정적인 사람들은 본인이 딱히 아이디어를 가지고 있지도 않다. 그저 모든 게 싫은 경우가 대부분이다. 제대로 할 생각 자체가 없고, 시간이나 때우면서 대충 넘기려는 게 뻔히 보인다.

이런 사람과 함께 일하면 짜증이 몰려온다. 적극적으로 참여하지 않을 거면 태클만이라도 걸지 않았으면 하는데, 의견을 내는 족족 반대한다. 그들은 잘하려는 사람의 발목을 잡고, 본인도 평생 그 자리에 머물 가능성이 높다. 무언가 시도하지 않기에 달라지는 것도 없다. 매일 똑같이 매사가 대충인데, 인생이 변화될 리 없다. 제자리에 있으면 다행이다. 부정적인 사람은 퇴보하기 마련이다.

늘 남 탓만 하는 것도 특징이다. 나는 잘못이 없는데, 환경이 나를 이렇게 만들었다는 불평을 늘어놓는다. 누구도 부정적인 사람에게 그렇게 살아가라고 말한 적이 없다. 모두가 똑같은 환경에서 살 수 없다는 걸 인정해야 하는데, "~ 때문에", "~라서 안 돼."라면서 자기 행동을 합리화할 핑계만 찾는다.

물론 100% 나쁜 것만은 아니다. 부정적인 자세가 도움 될 때도 있다. 제품을 개발하는 경우, 부정적인 시선으로 바라보며 개선할 부분이 없는지 계속해서 찾는다면 더 좋은 제품을 만들 수 있다. 하지만, 이런 사례를 제외하고는 부정적인 마음가짐이 인생에 도움 되는 일은 극히 드물다.

최근 유튜브를 통해 굉장히 긍정적인 생각으로 새로운 인생을 살고 있는 한 사람을 알게 됐다. 지금도 방영 중인 SBS 〈순간포착 세상에 이런 일이〉에 2009년 출연한 김인호 씨다. 그는 스물셋의 젊은 나이에 차량 전복 사고로 척추가 6번부터 12번까지 으스러졌다. 예상했겠지만 걸을 수도, 보통 사람처럼 생활하는 것도 불가능해졌다. 그런 시련에도 김인호 씨는 좌절하지 않고, 자기가 할 수 있는 일을 찾으며 노력했다. 그리고 사회복지사, 보조공학사, 휠체어 수리사 등 여러 개의 자격증을 보유할 만큼 배움도 게을리하지 않았다. 현재는 전라도 나주에서 전동휠체어, 전동스쿠터, 일반 수동 휠체어 수리와 맞춤 제작, 판매하는 일을 하고 있다고 했다. 혹독한 여건에도 포기하지 않고 본인 삶에 최선을 다하는 모습이 존경스러웠다.

김인호 씨는 다음처럼 말할 정도로 긍정적인 마인드를 가지고 있었다.

"내가 나한테 닥친 환경에 맞춰서 살아가는 거다. 시력 나빠서 안경 쓰는 사람과 다리가 불편해서 휠체어 타는 사람하고 뭐가 다르냐? 처음 장애 판정 받았을 때 나도 '나는 안 돼.', '나가면 나만 쳐다볼 거야.'라고 생각했다. 그런데 막상 나가보니 아무도 나에게 관심이 없었다. 오히려 내가 다른 사람을 구경하고 있었다. 내가 살아가는 방식이 정답은 아니다. 하지만 장애를 입고 난 뒤 생긴 신념은 '일단 해보자.', '실제로 해보자.'다. 부딪혀보니 안 되는 것보다 되는 게 더 많았다."

모두가 처한 상황이 좋을 수 없고, 좋은 환경에서 살 수는 없다. 다만 현실을 인정하는 자세가 필요하다. 내가 안 좋은 환경에 있더라도, 그건 어쩔 수 없는 것이며, 내가 극복해야 하는 과제다. 환경이 안 좋다고 해서 모든 걸 포기하고 내려놓을 순 없다. 지레 겁먹고 부정적으로 생각해, 할 수 있는 것도 하지 않는 어리석은 선택을 하지 않아야 한다.

가수 윌리 넬슨은 "부정적인 생각을 긍정적인 생각으로 바꾼다면, 긍정적인 결과가 나오기 시작할 것이다."라는 말을 남겼다. 아무리 어려운 상황이라도 해내는 사람이 있다. 그게 당신이 되지 말라는 법은 없다.

2002 월드컵의 국민 영웅 이영표는 "이쪽에서 힘든 오르막길은 저쪽에선 편한 내리막길이다. 이 길이 원래 오르막인지 내리막인지는 중요하지 않다. 중요한 건 길을 보는 마음의 각도"라고 했다. 정말 중요한 건 세상을 바라보는 나의 마음가짐이다.

4

습관적인 자기 합리화

'지피지기백전불태(知彼知己百戰不殆)'라고 했다. 무엇이든지 상대할 적을 알고 나를 알면 승리할 가능성이 커진다. 성공도 마찬가지다. 누군가와 경쟁한다면 내가 상대하려는 사람과 나에 대해 잘 알아야 하고, 나 자신과의 대결에서도 나를 정확하게 파악해야 승리할 수 있다.

모든 사람에게는 장·단점이 존재한다. 완벽한 사람은 없다. 장점이 있으면 더욱 키우고, 단점이 있으면 개선해야 한다. 이럴 때 필요한 것이 객관적인 시각이다. 그렇기에 자기 자신을 평가할 때 더 냉정하게 바라봐야 한다.

성공하는 사람들을 보면 자신을 냉정하게 평가한다. 문제점이 파악되면 곧바로 개선하려고 한다. 남이 보기엔 단점이 아닌데도 아직 부족하다며, 더욱 발전하려고 노력한다. 스스로 더 발전하기 힘들다는 판단이 들면, 누군가에게 도움을 요청하고 배운다. 가르쳐주는 사람이 누구인지는 중요하지 않다. 배울 점이 있다면, 가리지 않고 배우려고 한다. 모르는 건 부끄러운 게 아니라는 마인드가 기본으로 장착돼 있다. 그들은 배우지 않고 모르는 상태를 유지하는 게 더 부끄럽다고 생각한다. 그렇다고 자신감이 없는 것도 아니다. 늘 자신감 있게 행동하고, 할 수 있다는 긍정적인 마인드를 가지고 있다. 또 '실패하면 다시 도전하면 된다.'고 생각한다. 이런 생각을 바탕으로 자신을 객관적으로 분석하고, 발전적인 방향으로 이끌어 나간다.

반면 습관적으로 자기합리화를 하는 사람이 있다. 이들은 대부분 발전하지 못한다. 실패하는 이유를 파악해도, 외면하고 개선하려고 하지 않는다. 발전을 위한 방법을 내놓는 게 아니라, 이것저것 핑계를 대면서 그럴 수밖에 없었던 이유를 만든다. 문제가 반복되는데도, 자기합리화하기 바쁘다. 모든 것이 자기 잘못이 아니라는 거다.

자기합리화는 핑계에 불과하다. 억울해서 설명한다기보다는 어쩔 수 없었다는 걸 강조하고, 그 상황을 회피하고 싶은 마음이 크다. 대책이 있는 것도 아니다. 문제 해결이 중요한 게 아니라, 오로지 내 책임이 아니라는 것에 초점을 맞출 뿐이다.

자신에게 듣기 좋은 말로 합리화를 하면, 시간이 지나도 나아지는 게 없다. 발전하려고 하지 않으니, 매일 똑같은 일만 반복한다. 매너리즘에 빠지기 일쑤고, 늘 해왔던 것도 지겨워서 억지로 한다. "어제와 똑같이 살면서 다른 미래를 기대하는 것은 정신병 초기 증상"이라는 아인슈타인의 말도 있다. 더 나은 인생을 살기 위해 노력도 안 하는데, 잘 살기를 바라는 건 말도 안 되는 일이다.

자기 잘못이 맞다면 인정하는 게 우선이다. 반복된 핑계는 신뢰를 잃게 만든다. 핑계를 대다 보면 나도 모르게 거짓말을 하기도 한다. 그러면 처음 잘못했을 때보다 일이 더 커진다. 만일 사과해야 할 상황이라면 사과해야 한다. 사과에 대한 사람들의 잘못된 편견이 있다. 사과를 하면 나 자신이 초라해 보이고, 자존심이 상한다고 생각하는 것이다. 그런데 잘못을 깔끔하게 인정하고, 반성하고, 개선하려고 노력하면 오히려 다른 사람이 보기에 더 멋있다.

성공을 원한다면 자기합리화는 떨쳐내고, 부족한 점은 개선해야 한다. 그래야 더 나은 사람이 된다. 자기합리화는 성공을 꿈꾸는 사람의 발목을 잡는다. 잘못된 자기 생각과 선택을 마치 합리적인 것처럼 포장함으로써, 자기 자신을 속이는 일이기 때문이다. '몸에 좋은 약은 입에 쓰다.'는 속담처럼 나를 향한 쓴소리는 안 좋은 점을 낫게 하고, 듣기 좋은 달콤한 자기합리화는 나를 병들게 한다.

무엇이든지 쉽게 성공하는 건 없다. 고통 없이 얻는 것도 없다고 한다. 당장 쓴소리를 들으면 속상하고 힘들겠지만, 내 미래를 위해서라면 받아들여야 한다. 자기 잘못을 인정하고 고치기 위해 노력하는 것은 창피한 행동이 아니라 자신을 성장시키는 성숙한 행동이다.

월드 클래스 축구선수 박지성은 "위기가 닥칠 때마다 98%는 내게 책임이 있다고 생각한다. 문제를 내 안에서 찾다 보면 반드시 위기에서 탈출할 실마리가 보인다."라고 말했다. 이처럼, 문제가 생겼을 때 나를 바꾸면 훨씬 더 좋은 상황을 만들 수 있다.

5

머릿속에 가득 찬 패배 의식

인생을 살다 보면 누구나 몇 번의 기회를 얻는다. 2021년 통계청 발표에 따르면 우리나라 사람의 평균 기대 수명은 83.5세라고 하니, 80년을 넘게 사는 동안 수많은 기회가 생긴다. 그런데 기회가 왔는데, 온 줄도 모르고 지나치는 사람이 있는가 하면, 기회를 잡아 성공하는 사람도 있다. 능력에 따라 그 기회를 살리는 것도, 날리는 것도 자기 몫이다.

기회를 잡았다면 시도할 때, 포기하지 않는 끈기가 필요하다. 쉽게 포기해버리면 아무 의미가 없어진다. 언제 다시 올지 모르는 기회를 허무하게 날리는 것만큼 바보 같은 일도 없다. 어떤 스포츠 분야든 하위 팀에 새로운 감독이 부임할 때, "패배 의식부터 없애겠다."는 포부를 밝히곤 한다. 선수들에게 박혀 있는 패배 의식은 쉽게 포기하도록 하고, 경쟁심을 잃게 만들기 때문에 그 마인드부터 바꾸겠다는 말이다. 끈기가 없는 사람은 패배 의식에 젖어 있는 사람이다.

패배 의식은 자기의 패배를 당연하게 생각하는 것이다. 경쟁하다가 어느 정도 노력했다 싶으면, '이만하면 됐어.'라는 생각과 함께 포기한다. 조금만 힘든 순간이 와도 '어차피 질 거야.'라며, 스스로 승리가 아닌 패배를 선택해버린다. 역전할 가능성이 충분히 있는데도 남아 있는 가능성을 없애는 것이다.

학창 시절을 떠올려보면 공부 못 하는 아이들은 '어차피 공부해도 안 돼.'라는 생각으로 금세 포기하는 경우가 많았다. 노력하면 분명히 현재보다 더 잘할 수 있는데도, 너무 일찍 포기해버린다. 나 역시 공부에 재능이 없다고, 일찍 포기하는 학생 중 한 명이었다. 지금 생각해보면 엄청나게 뛰어나지는 않았어도 그때보단 나아질 수 있었는데, 내가 내 가능성을 닫아버렸다. 공부에 관심도 없었고, '난 안 된다.'는 생각이 컸다.

패배가 익숙해지면 습관이 된다. 점점 포기가 빨라지고, 경쟁심도 없어진다. 세 살 버릇 여든까지 간다고, 학교 다닐 때부터 일찍 포기하는 습관을 들이면, 패배 의식이 나를 지배해버린다. 사회에 나와서도 본인들의 패배를 스스로 자초한다. 패배해도 분하다는 감정도 느끼지 못하고, 아쉽다는 생각도 하지 않게 된다. 패배가 당연하다는 듯이 아무런 문제점을 느끼지 못하고, 시간을 버리는 결과로 이어진다. 그렇다 보니 늘 패배하는 게 당연하고, 패배에서 벗어날 노력도 하지 않게 된다.

노력도 제대로 하지 않았는데, 성과가 나올 리가 없다. 어떤 분야든 꾸준히 하는 게 중요하다. 타고난 재능이 있는 게 아니라면, 계속해서 자신을 트레이닝해 실력을 키워야 한다. 잠깐의 연습으로는 실력을 키울 수 없기 때문이다. 한 분야의 전문가가 되려면 하루 3시간씩 10년, 즉 1만시간을 투자해야 한다는 말이 있을 정도로, 꾸준함은 전문가가 되는 밑거름이다.

제대로 된 노력을 해본 적이 없는 사람은 패배 의식을 떨쳐버리기 위해, 아주 쉬운 것부터 성취감을 느끼는 게 중요하다. 공부로 안 되면, 다른 분야를 시도하면 된다. 누구나 다 할 수 있는 단순한 것부터 조금씩 해보면서, 성공과 익숙해지고 친해져야 한다. 쉬운 목표를 계속 달성해 자신감이 생기면, 난이도를 조금씩 올리면서 힘듦을 이겨내는 것에도 익숙해져야 한다. 그렇게 하다 보면 나도 모르는 사이에 실력이 늘어나고, 성장해 있을 것이다.

패배 의식에 젖어 있는 사람에게 알려줄 좋은 사례가 있다. 우리나라 여자 프로농구에서 6년 연속 통합 우승을 끌어낸 '위성우 매직'이다. 위성우 감독은 2012-2013시즌을 앞두고, 만년 꼴찌였던 우리은행 여자 농구팀에 취임했다. 그는 취임하면서 "우수한 자질을 가진 선수를 다수 보유한 만큼, 최단기간 내에 우승을 노릴 수 있는 팀으로 키워내겠다. 훈련 제일, 팀을 위한 자기희생, 패배 의식 탈피가 우선이다."라고 말했다.

위성우 감독의 자신감에 많은 사람이 물음표를 던졌다. 우수한 자질이 있는 선수를 다수 보유했다고 말했지만, 우리은행은 리그에서 4년 연속 꼴찌를 하고 있었다. 만년 꼴찌 팀에 부임한 감독이 빠른 시간 안에 우승을 노릴 수 있는 팀으로 만들어내겠다니 모두가 의아했다. 자신 있게 말은 던졌지만, 위성우 감독도 "신한은행에서 우리은행으로 옮겼을 때 가장 힘들었던 것이 패배 의식이었다. 선수들이 4쿼터에만 가면 다리가 굳었다."고 말할 정도로 패배 의식을 걷어내는 게 쉽지 않았다.

우려에도 불구하고 위성우 감독의 말은 첫 시즌에 현실이 됐다. 비시즌에도 고강도 훈련을 하고, 선수들의 패배 의식을 떨쳐내는 데 집중한 위성우 감독은 2012-2013시즌부터 2017-2018시즌까지 우리은행을 6년 연속 통합 우승으로 이끌었다. 비결은 체력을 바탕으로 한 끈기와 목표 의식이었다. 기량이 부족하더라도 포기하지 않는 끈기로 상대 팀과 겨루고, 뚜렷한 목표를 세워 달성하도록 만들었다. 패배 의식이 사라진 선수들은 자신의 기량 이상을 발휘해, 결국 우승이라는 달콤한 결과를 맛보게 됐다.

'코리안 특급'이라고 불리며 메이저리그에서 성공을 거둔 박찬호는 "꿈은 포기하지 않으면 이룰 수 있다. 나를 슬럼프에 빠뜨리게 한 가장 큰 요인은 안 된다고 생각하는 것이다."라고 말했다.

패배 의식은 내 인생에 전혀 도움이 되지 않는다. 오히려 나를 나락으로 빠지게 만든다. 패배에 익숙해지면, 한 번뿐인 인생을 멋지게 살기는커녕 안타까운 일이 반복된다. 윌리엄 해즐릿은 말했다. "이길 수 있다고 생각하면 이길 수 있다. 신념은 승리의 필수 요소"라고. 시작하기도 전부터 패배할 생각부터 하지 말고, 승리에 최선을 다해 자신의 인생을 긍정적으로 바꿔보자.

6

성장을 방해하는 안전한 선택

인생은 선택의 연속이다. 살면서 작은 일이든 큰일이든 수많은 선택의 시간이 다가온다. 뇌 과학자인 카이스트 대학교 정재승 교수의 말에 따르면, 사람은 하루에 2,000가지 이상의 선택을 한다고 한다. 그렇게 많은 선택이 모여 내 인생을 채우고, 현재와 미래를 결정짓는다.

선택하는 과정에서 생각의 차이로, 성공하는 사람과 성공하지 못하는 사람이 갈린다. 성공하는 사람은 '도전', 성공하지 못하는 사람은 '안전'을 선택한다. 하이 리스크 하이 리턴이라고, 성공하는 사람들은 큰 성공에 리스크가 따라올 수밖에 없다는 사실을 인정하고 감수한다. 과감하게 한 선택들로 때론 시련을 겪기도 한다. 그러나 그들은 실패에서 또다시 배우고, 보다 나은 선택을 하기 위해 노력한다. 그렇게 그들은 실패로부터 경험을 쌓고 성장해 결국 자기 인생을 성공으로 이끈다.

성공하지 못하는 사람은 안전을 추구한다. 리스크를 감당하기 싫어 리스크가 없다고 생각하는 걸 선택한다. 마음은 충분히 이해한다. 누가 손해 보는 걸 좋아하겠는가. 그런데 중요한 건 리스크가 두려워 시도조차 하지 않는다는 것이다. 그들이 말하는 안전한 선택은 시도하지 않음으로써 실패할 가능성을 없애는 걸 의미한다. 시도가 없는 건 발전 없이 제자리에 머문다는 뜻이다. 그리고 제자리에만 머물러 있기 때문에, 발전하는 다른 사람과 비교되는 순간 퇴보함을 느낀다.

게임을 예로 들어보자. 온라인 게임에서 잘하는 사람과 한 팀을 이뤄서 못 하는 상대와 맞붙으면 이기는 게 당연하다. 하지만 치트키를 쓰는 것처럼 쉽게 이기는 게 반복되면 게임도 즐겁지 않다. 당연히 쉽게 이길 수 있으니 늘 똑같은 방법으로 반복한다. 그래서 강한 상대와 대결해 패배로부터 성장하는 과정이 없다.

스토리가 있는 콘솔 게임이라도, 내가 스스로 퀘스트를 완료할 때와 누군가 만들어 놓은 공략집을 보고 퀘스트를 완료하는 것은 큰 차이가 있다. 스스로 해내면 만족감이 크지만, 공략집을 보면 남는 건 퀘스트를 끝냈다는 사실 하나뿐이다.

물론 잘하는 사람과 함께하면서 배운다면, 성장할 수도 있다. 그런데 그 사람에게 의지해 쉽게 이기는 게 목적이라면 성장은 전혀 없다. 쉬운 게 반복되면 사람은 본능적으로 배우려고 하지 않는다. 매너리즘에 빠지고, 노력도 하지 않는다. 그렇게 도전 정신이 없어지면, 실패할까 두려워 안전한 선택을 하고, 늘 제자리에 머물게 된다.

축구나 농구를 보면 실수할까 두려워 골을 넣을 수 있는 상황에서도 팀 동료에게 찬스를 양보하는 선수들을 보게 된다. 시도하기 전부터 실수를 두려워하기 때문에, 내가 욕먹지 않으려고 안전하다고 생각되는 선택을 하는 것이다. 이런 일이 반복되면 골맛을 보기도 힘들고, 성장하기 힘들다. 실패가 주는 성장의 기회도 놓친다.

농구 대통령으로 불리는 허재는 실패를 두려워하는 마음에 슛 시도를 망설이는 선수들에게 "슛을 던져야 들어가든 안 들어가든 확인이 될 거 아니에요. 던지지도 않고 확인이 어떻게 돼요? 40분을 뛰면서 어떻게 실수를 안 하겠어요. 실수하더라도 자신

있게 해야죠.”라고 말한 적 있다.

하루에만 2,000가지 이상의 선택을 하는 인생에서 실수하지 않고 완벽하게 살 수 없다. 개인적으로 인생에서 성공을 위한 안전한 선택은 없다고 생각한다. 안전한 선택은 허울뿐이고, 시도하지 않고 도망치는 것이라고 생각한다. 더 잘할 수 있는 자신을 방치하며, 아까운 인생의 시간을 버리는 일이다.

축구 황제 펠레는 “이기는 데 어려움이 따를수록 이겼을 때의 기쁨도 큰 법”이라고 했다. 안전하게 살아가는 것도 방법 중 하나지만, 성공하고 싶다면 과감하게 도전해 스스로 성장해야 한다. “당신이 편한 이유는 내리막을 걷고 있기 때문”이라는 말도 있다. 어렵더라도 당신은 도전하고 성장해 보다 큰 기쁨을 누리길 바란다.

7

나락의 지름길, '어떻게든 되겠지'

안일한 생각은 위험하다. 최선을 다해도 부족한데, 안일하게 생각하는 건 실패로 가는 지름길이다. 힘든 상황에서 이겨낼 자신이 없어서 자포자기 심정으로 '에라, 모르겠다.'라며 잡고 있던 걸 놓으면, 나락으로 빠지기 시작한다.

정신이 육체를 지배한다는 말을 들어봤을 것이다. 생각은 몸을 지배하므로 한번 편한 걸 느끼고 만족하게 되면, 자꾸 편한 것만 찾게 된다. 성실함과는 점점 거리가 멀어지고, 열정이 떨어진다. 이것이 반복되면 나에게 평생 한번일지도 모르는 소중한 기회를 날릴 수 있다. 기회가 왔는데도 놓친다면, 얼마나 안타까운 일인가.

안일한 마인드로 인해 나락으로 빠진 사례로 내 이야기를 해볼까 한다. 2014년부터 2015년 사이에 9개월 정도 되는 기간의 일이다. 사회초년생이었던 나는 서울에서 농구 기자를 하다가 원주로 돌아와, 1년 정도 호텔에서 일했다. 이때 구체적인 목표를 하나 세웠는데, 1년간 돈을 모아 아일랜드로 어학연수를 가기로 계획한 것이다. 호텔에서 평생 일하고 싶지는 않아, 영어를 배워 돈을 더 많이 벌 수 있는 직업을 선택하기 위해서였다.

호텔에 들어간 후, 매달 꾸준히 돈을 모았다. 월급이 정말 적었는데, 악착같이 한 달에 100만 원 조금 넘는 금액을 모았다. 먹고 싶은 것, 입고 싶은 것, 사고 싶은 것을 모두 참으며 1년간 약 1,500만 원을 모았다. 누군가는 적은 금액이라고 생각할지 모르겠지만, 내가 할 수 있는 최선이었다.

1년을 채워갈 때쯤 회사에 퇴사 의사를 전하고, 어학연수 준비를 했다. 어학연수를 전문으로 연결해주는 곳에서 상담받고, 대략적인 비용을 계산했다. 내가 모은 돈이 부족했지만, 현지에서 일하면서 충당하면 된다고 가볍게 생각했다. 어차피 워킹홀리데이로 가면 일하는 게 불가피하니 안일하게 생각한 것이다.

퇴사를 통보한 지 1개월 후, 퇴사했다. 그리고 1년간 고생한 나를 위해 4박 5일 동안 오사카로 여행을 떠났다. 아일랜드 갈 돈도 부족했지만, 그동안의 고생을 보상받고 싶었다. 일본어 공부하는 친구와 함께 갔기에 친구의 도움을 받아 원 없이 놀았다. 일본에 가 보니 한국에 없는 물건도 많고, 내가 좋아하는 농구 관련 제품도 신기한 게 넘쳐났다. 난 농구라면 사족을 못 썼기에 아무 생각 없이 돈을 마구 썼다. 그때는 돈이 아깝다는 생각, 고생하면서 돈을 벌었다는 생각은 전혀 나지 않았다.

그런데 문제가 생겼다. 일본 여행에서 생각 없이 돈을 쓴 게 화근이 됐다. 아일랜드 어학연수 비용이 내가 계산했던 것보다 더 많은 금액이 들어가는데다, 여행으로 지출한 돈이 많아 자금이 부족했다. 어학연수를 가려면 일을 해서 돈을 더 모아야만 했다. 하지만 최선을 다해 열심히 놀았던 나는 몸과 마음이 금세 적응해버려 일하고 싶지 않았다. '딱 한 달만 놀면서 다시 생각해보자.'는 생각이 들었다. 그것은 나의 아일랜드 어학연수를 날려버리고, 나락으로 빠지게 한 최악의 선택이었다. '놀면서 생각해보자.'는 다시 표현하면, '어떻게든 되겠지.'라는 안일한 생각이었다.

본격적으로 놀기 시작한 나는 폐인처럼 생활했다. 점심까지 늦잠 자고 일어나서 PC방으로 가 저녁까지 게임하고, 지인들과 매일 술을 마셨다. 그리고 또 다음 날 오후에 일어나서 PC방에 가고 저녁에는 또 술을 마셨다. 일주일에 하루를 제외하고 9개월을 이렇게 생활했다. 술 먹고 들어와서 집에서는 잠만 자는 아들이 한심해, 아버지는 출근할 때마다 한숨을 쉬었다.

명절에는 핑계를 대고 친척 집에 가지 않았다. 가면 분명히 '무슨 일하니?', '결혼은 언제 하니?' 이런 질문을 받을 게 뻔했다. 계속된 폐인 생활에 돈도 다 떨어져 갔다. 9개월 동안 술값, 게임 현질에 돈을 썼으니 남아날 리가 없었다. 쉬는 동안 1,000만 원이 훨씬 넘는 돈을 썼다. 정신을 차리고 보니 어학연수를 가기 위해 모아놓은 돈이 거의 바닥났다. 당장 일하지 않으면, 다음 달 생활비부터 걱정해야 할 정도였다.

정말 일하기 싫었지만, 돈 때문에 어쩔 수 없이 다시 일해야 했다. 그 와중에도 호텔, 리조트 등 전공인 관광 분야의 일은 하기 싫었다. 직종을 가리다 보니, 일자리를 알아보는 것도 시간이 걸렸다. 그렇게 백수 생활을 더 하던 중 종합격투기 대회를 여는 로드FC 면접을 보게 됐다. 그 면접을 시작으로 지금까지 로드FC에서 8년째 일하고 있다. 지금은 직장도 다니고, 인스타그램 '아재글' 페이지 운영도 하면서 성실하게 살고 있다.

백수 시절의 나는 내 인생을 너무 안일하게 생각했다. 마냥 쉬고 싶어서 '어떻게든 되겠지.'라는 생각으로 자포자기하며 지냈다. 지금은 추억이 되어 술자리의 안줏거리가 되었지만, 그 당시에는 '왜 살아야 하나?'라는 생각도 했다. 그만큼 사는 의미가 없었다.

前 국가대표 축구선수 안정환은 KBS에서 방영된 〈청춘FC〉에서 기회를 소중하게 생각하지 않는 선수에게 쓴소리를 남긴 적이 있다.

"게을러서 어떡하겠다는 거야? 지금 열심히 해야 해. 아깝지 않니 기회가? 네 인생이 바뀔 수 있는 문제야. 어떻게 단순하게 생각해? 목숨 걸고 해도 될까 말까인데. 요즘 세상이 그래. 두 번의 기회는 잘 안 줘."

나에게 정말 중요했던 시간과 돈을 다 날려버린 경험 이후, 늘 나를 더 발전시킬 수 있는 게 무엇인지 고민하고 있다. 긍정적으로 생각한다면 그 시간을 통해 배운 것도 많지만, 다시는 그런 일을 겪고 싶지는 않다. 정말 시간과 돈이 너무 아깝다. 당신은 나처럼 소중한 시간을 날리지 않았으면 좋겠다.

8

입에 붙은 '내일 하지 뭐'

앞서 나의 사례를 얘기한 것처럼, 사람은 놀기 시작하면 계속 놀고 싶어진다. 노는 시간이 길어지면, 일도 점점 하기 싫어진다. 매일 그런 생활을 하다 보면, 내가 이 세상에서 쓸모없는 존재라는 부정적인 생각도 든다. 자존감이 낮아지는 것이다.

선천적으로 게으른 사람이 있다. 나는 그나마 1년이 되지 않는 시간만 놀고 끝을 냈지만, 주변에 보면 5년 이상의 장기 백수가 많다. 정말 이루고 싶은 꿈이 있어서 계속 도전하는 사람이라면 다행이지만, 일하기 싫어서 백수로 지내는 사람도 많다. 그런 사람은 대부분 일하는 걸 두려워하고 자존감이 낮다. 대책 없는 백수 생활이 길어질수록 인생에 전혀 도움이 되지 않는다.

게으른 사람은 늘 이렇게 말한다. "내일 해야지, 내일 하면
돼."라고. 또 하루, 이틀 정도 미루는 건 아무것도 아니라고 생각
한다. 그것이 습관이 되면 나도 모르게 반복하는 버릇이 생겨버
린다. 조금만 귀찮아도 '내일 해야지.'라는 생각을 하게 되고, 이
마인드가 습관으로 자리 잡아, 점점 게으른 인생을 살게 된다.

미룬다고 해서 해결되는 일은 없다. 특히 내 인생은 누가 대
신 살아주는 게 아니다. 내가 뭔가를 하지 않으면, 내 인생에서
진행되는 건 없다. 가만히 있으면 그 자리에서 시간만 흐른다. 해
낸 것은 아무것도 없는데, 나이만 먹어간다. 나이를 먹는다고 해
서 어른이 되는 것도 아니다. 그냥 늙기만 한다.

회사 생활도 마찬가지다. 귀찮아서, 하기 싫어서 일을 미루는
사람들은 내가 하지 않아도 다른 사람이 하면 일이 해결된다고
착각한다. 위험한 생각이다. 자기 일을 남이 맡아서 진행하면 일
이 해결되는 게 아니라, 나의 자리를 없애는 일이다. 생각해봐라.
계속 일 처리할 기간을 미루고 남에게 일을 떠넘기는 사람에게
누가 일을 맡길까?

일을 안 하는 잠깐은 편하다. 워커홀릭이 아닌 이상 일반 사
람이라면, 회사에서 최대한 편하게 있고 싶을 것이다. 눈치만 안

보인다면, 월급 루팡을 하고 싶은 사람도 많다. 해야 할 일을 하루하루 미루면서. 그렇게 매번 내일에 기대다가 내 일이 없어지고, 내일조차 장담할 수 없는 인생을 살게 된다. 할 일이 줄어들면, 결국 일할 기회가 사라지게 된다. 게다가 일하는 직종의 업계가 좁다면, 소문이 금방 퍼져 이직을 못 할 수도 있다. 설령 운 좋게 이직한다고 하더라도, 남에게 일을 미루는 패턴을 반복하면, 어떤 곳에서 일하든지 나쁜 평가받는 결과로 이어진다.

게으른 사람이 망하는 사례는 현재는 종영된 SBS 〈백종원의 골목식당〉에서 많이 볼 수 있었다. 갖가지 사연을 가진 사람이 출연했는데, 모두가 장사가 안 돼서 솔루션을 받고자 신청한 이들이었다. 맛은 좋은데 홍보가 안돼서 장사가 안된 가게도 있었지만, 대부분 게으름 때문에 발전하지 못해 장사가 안됐다. 식당의 가장 기본인 위생부터 최악이고, 맛을 위해 노력하는 게 아니라, 본인이 편하기 위해 기성품을 사용하는 일도 흔했다. 몸의 편안함을 찾으며, 음식과 위생에 노력을 하지 않다 보니 장사가 잘될 리 없었다.

반대로 연돈 김응서 사장처럼 부지런한 사람은 솔루션을 받은 뒤, 현재도 성공 가도를 달리고 있다. 김응서 사장은 최상의 맛을 위해 절대 타협하지 않는다. 일을 미루는 건 있을 수 없다.

제주도로 옮기고 나서는 연돈의 돈가스를 먹기 위해 텐트를 치며 캠핑하는 사람도 생겼다. 예전만큼은 아니더라도, 연돈은 여전히 인기를 끌며 장사가 잘되고 있다. 이에 김응서 사장은 "내 몸이 피곤하고, 고단해야 손님 입이 즐거워져요. 내가 편하면, 손님 입이 불쾌해지죠."라며 성실함이 맛의 비결이라고 밝혔다.

내 미래는 내가 만들어가는 것이다. 열심히 하지 않은 사람치고 성공한 인생을 산 사람은 없다. 금수저라서 딱히 노력을 안 해도 잘산다면 상관없다. 하지만 보통 사람인데 노력도 안 하면, 계속 그 자리다. 인생을 바꾸고 싶으면, 미루지 말고 조금씩이라도 노력해야 한다. 열심히 하라는 말이 꼰대 같이 들릴 수 있는데, 이건 인생의 진리라 꼰대라고 해도 어쩔 수 없다.

빌 게이츠는 "인생이란 공평하지 않다. 이 사실에 익숙해져라. 태어나서 가난한 건 당신의 잘못이 아니지만, 죽을 때도 가난한 건 당신의 잘못이다."라고 말했다. 당신의 인생을 태어났을 때보다 발전시키지 못하는 건 당신 책임이다.

게으른 사람에게 그룹 '부활'의 리더인 가수 김태원의 말을 인용해 질문하고 싶다.

"미래는 늘 현재와 공존합니다. 미래라는 단어에 속지 마십시오.
지금 노력하지 않는데, 미래가 있을 거라고 생각하십니까?"

9

남의 성과를 가볍게 생각하는 시선

인터넷이 발달하며 우리 사회에서 큰 문제 중 하나로 떠오른 게 악플이다. 익명으로 쉽게 글을 쓰고, 내 생각을 전할 수 있다 보니, 차마 입에 담지 못하는 말을 거침없이 쏟아낸다. 쓰는 사람은 별생각 없이 쓰는데, 악플 대상이 된 당사자는 정신적으로 큰 상처를 받아, 대인기피증, 우울증 등을 호소한다. 심하면 스스로 목숨을 끊는 비극이 일어나기도 한다.

정당한 비판은 괜찮지만, 무분별한 비난과 욕설은 지양해야 한다. 누구에게도 남을 쉽게 평가하고 비난할 자격은 없다. 가수 제시가 〈언프리티 랩스타〉에서 "니들이 뭔데 날 판단해?"라며 불만을 드러낸 게 유행어가 된 것도, 많은 사람이 남의 평가에 불만을 가졌기 때문이라고 생각한다.

인터넷에서 악플을 단 사람들은 정작 고소당하면 억울함을 호소하고, 반성하는 모습을 보인다. 정말 미안하고, 뉘우쳐서가 아니다. 어떻게든 처벌받지 않기 위해서다. 벌 받을 일이 없다고 생각해 신나게 악플을 달다가, 고소당하고 실제로 조사를 받게 되니 말로만 잘못했다고 하는 것이다.

배우 김가연이 입에 담기도 어려울 정도의 심한 욕설을 한 악플러들을 고소한 적이 있다. 그런데 악플러들은 고소당하자 갖은 욕을 일삼으며 당당했던 모습은 온데간데없이, 한번만 봐달라며 선처를 호소했다고 한다. 하지만 김가연은 악플러들을 참교육했다. 슈퍼주니어의 김희철과 가수 아이유도 도를 넘은 악플러들을 고소해 참교육을 예고했다. 익명이라고 아무렇지 않게 타인에게 상처를 주는 악플러들은 인생이 실전이라는 걸 뼈저리게 느껴야 한다.

온라인에서의 악플뿐만 아니라 일상에서도 남을 쉽게 욕하는 사람이 있다. 잘되는 사람이 있으면 시기, 질투하고, 그 사람의 성과를 배 아파하는 것이다. 그런 사람들은 잘된 사람을 어떻게든 꼬투리 잡아 흠집 내기 위해 모든 신경을 쏟는다. 잘되는 사람이 정당한 노력으로 성공했다고 하더라도, 그건 중요하지 않다. 그저 자신의 분풀이 대상으로밖에 보지 않는다. 성공한 사람을 욕해서 내가 잠시나마 속이 후련하면, 그걸로 만족한다. 분풀이 대상이 억울하게 상처받는 건 고려할 사항도 아니다. 게다가 타인이 함께 욕하도록 선동하기도 한다. 혼자 욕하면 나 혼자 나쁜 사람이 되는 것 같지만, 함께 욕하면 자기가 한 행동을 정당하다고 합리화할 수 있기 때문이다. 나중에 욕한 걸 들키면 "나 혼자 욕했어? 다른 사람도 그랬는데 왜 나한테만 그래?"라며 문제가 없다는 식으로 반응한다.

이렇게 남을 비난하는 사람들은 자기 인생이 안 풀리는 경우가 많다. 내 인생은 바닥을 치고 있는데, 다른 사람이 잘나가니 불만이 많다. 남이 성공하는 건 운이 좋고, 재능이 타고났고, 금수저여서라고 노력을 깎아내린다. 성공한 사람이 그동안 해왔던 노력은 생각도 하지 않는다. 남의 성공은 쉽게 이루어낸 것처럼 비난하기 급급하다.

남의 성공을 비난하는 것도 비난하는 것이지만, 더 어처구니없는 건 남 욕하는 사람치고 자기 자신을 위해 노력하는 사람이 드물다는 것이다. 나를 발전시키기 위해 사용할 시간을 남의 인생을 헐뜯는 데 허비하니 발전할 수 있을 리 없다. 그저 본인이 노력하기 싫은 걸 남 탓으로 돌리고, 내 노력을 알아주지 않는다고 투덜거리는 것에 불과하다.

노력을 해본 사람이라면 성공이 얼마나 힘든지 알 수밖에 없다. 그 고통을 알기에 비난하기보다는 성공하는 사람을 존경하고, 존중한다. 남의 성공이 부러우면, 나도 더 열심히 해야겠다는 동기부여를 얻는다. 이게 올바른 자세다. 진짜 나를 위해서 노력하는 사람들은 악플을 달거나 남을 욕할 시간조차 없다. 성공을 위해 노력할 시간도 부족하기 때문이다. 대신 잘 되는 사람을 보고, 그 사람의 방법, 노하우를 배우기 위해 시간을 투자한다. 이렇게 온전히 자기 인생을 살아내기에 바쁘다.

자유는 스스로 책임질 수 있는 범위에서 누리는 것이다. '표현의 자유'라는 핑계로 남에게 상처를 너무 많이 주는 게 현실이다. 그렇게 쉽게 말하는 남의 인생을 본인이 책임질 수 있는지 물어보면 대답도 하지 못한다. 그러니 본인 인생도 책임지지 못하면서, 남의 인생을 쉽게 판단하면 안 된다.

'무심코 던진 돌에 개구리는 맞아 죽는다.'는 말처럼, 내가 생각 없이 뱉은 말에 누군가 상처를 받는다. 이 상처가 깊으면 돌이킬 수 없는 비극도 일어난다. 남을 향한 나의 비난은 언젠가 나에게도 부메랑처럼 되돌아온다. 남의 성과를 헐뜯을수록 나 자신이 초라해진다는 것도 명심해야 한다. 남을 평가할 시간에 내 인생에 집중하자.

10

쉽게 포기하는 유리 멘탈

한국인의 특징 중 냄비 근성이 있다. 끓어오를 땐 그 누구보다 빠르게 끓지만, 금방 식는다. 처음의 열정이 오래가지 않는다는 뜻이다. 성격 급하기로 유명한 한국 사람은 처음 관심을 가질 때 누구보다 뜨겁다.

성공은 쉽게 오지 않고, 각자 성공이 오는 타이밍도 다르다. 흔히들 실력이 오를 때 완만한 상승 곡선을 그릴 거라고 생각하지만, 실력은 어느 정도 올라가다가 한동안 정체기를 겪는다. 그리고는 다시 가파르게 상승한다. 계단 모양처럼 수직으로 오르다가 수평의 잔잔한 시기 즉, 소강상태가 찾아왔다가 다시 수직으로 오른다.

소강상태를 보일 때, 대부분의 사람은 도전해도 안 된다고 생각한다. 조금만 더 기다리면 결과가 보일 텐데, 기다리지 못하고 포기한다. 멘탈이 약하기 때문이다. 이런 사람이 많기에 토머스 에디슨은 "인생의 실패자들은 포기할 때 자신이 성공에서 얼마나 가까이 있었는지 모른다."며 안타까워했다.

포기하면 안 되는 이유를 대한축구협회 이영표 부회장의 인생 스토리와 함께 풀어본다. 그는 어렸을 때부터 노력파였다. 드리블을 좋아했는데, 중학교 3년 내내 밤에 드리블 훈련을 하며 실력을 키웠다. 그리고 드리블에 자신감이 생기자, 이영표는 공이 가운데 떨어지면 그 공도 자기가 가져가고 싶었다. 상대의 소유도, 나의 소유도 아닌 공을 차지해야, 축구를 더 즐길 수 있다고 생각한 것이다. '어떻게 하면 더 빨리 공을 가져갈 수 있을까?'를 고민하던 이영표는 줄넘기 2단 뛰기를 매일 1,000개씩 해야겠다고 마음먹었다. 말이 1,000개지 매일 하기란 쉽지 않은 양이었다. 중학교 1학년 때는 너무 힘들어서 연속으로 하지 못했다. 하지만 이영표는 굴하지 않고, 100번씩 10번에 나눠서 2단 뛰기 1,000개를 해냈다. 그렇게 2년 동안 꾸준히 훈련한 끝에, 한번에 1,000개를 성공할 정도로 성장했다. 연습의 효과는 상당했다. 이영표의 바람대로 경기장 가운데 떨어지는 공은 모두 이영표가 차지했다. 다음 목표는 체력이었다. 체력이 부족하다고 생각한 이영표는 산을 뛰겠다고 마음먹었다. 문제는 시간이었다. 오전 6시 30분~8시까지는 아침 운동, 오전에는 학교 수업, 오후에는 팀 훈련, 밤에는 줄넘기를 해서 시간이 부족했다. 고민하던 이영표는 새벽 5시에 일어나, 산을 뛰는 것을 선택해 체력을 키웠다.

대학교에 진학해서도 꾸준히 노력한 이영표는 4학년 때 건국대학교 축구부 주장이 되었다. 겉보기엔 잘하고 있는 것처럼 보였다. 그런데 팀 구성이 너무 좋아 6명이나 올림픽 국가대표였다. 그중 5명은 친구고, 1명은 후배였다. 하지만 당시 이영표는 국가대표가 아니었던지라, 주장으로서 권위가 서지 않았다. 점차 자존감이 낮아졌다. 이런 상황에서도 이영표는 홀로 추운 겨울에 개인 운동을 했다. 겨울에 개인 운동을 하는 선수는 이영표가 유일했다. 당시를 회상하며 이영표는 다음과 같이 말했다.

"숙소에서 편안하게 TV를 보는 친구들은 국가대표가 됐고, 10년 동안 최선을 다했던 나는 국가대표가 되지 못했다. '10년 동안 내가 했던 노력은 뭐였나?' 싶었다. 어릴 때부터 어른들이 '열심히 노력하면 네가 원하는 꿈을 이룰 수 있어.'라고 해서 그 말을 믿고 달려왔는데, 결과를 보고 좌절했다. '축구는 노력한다고되는 게 아니구나. 되는 사람은 원래부터 정해져 있고, 나같이 재능이 없는 사람은 할 수 없구나.'라는 생각에 억울했고, 남몰래 눈물도 흘렸다."

이렇게 힘든 상황이라면 보통 사람은 포기했을 테지만, 이영표는 그렇지 않았다. 포기하지 않은 그에게 2주 뒤 기적이 일어났다. 처음으로 올림픽 대표팀 왼쪽 윙백 테스트 기회가 온 것이다. 일주일 만에 합격해서 정식 올림픽 대표가 됐다. 3개월 후에는 국가대표가 됐다. 국가대표 첫 경기에서 후반에 교체 출전한 뒤, 이영표는 2011년 은퇴하기까지 한번도 그 자리에서 빠져본 적이 없다고 한다. 이영표가 만약 포기하고 더 이상 도전을 이어가지 않았다면, 지금의 이영표는 없었을 것이다. 이영표가 누군가. 대한민국 축구 역사상 최고의 윙백으로 꼽히는 선수다.

쉽게 포기하는 사람은 이영표의 사례처럼 힘든 상황이 닥쳤을 때 멘탈이 무너진다. 한번 멘탈이 무너지면 좀처럼 회복되지 않는다. 무너진 멘탈로 인해 슬럼프를 겪으면서 계속 내리막길을 걷는다. '어차피 안 돼.'라며 부정적인 생각에 빠져, 가까이에 있을지도 모르는 기회를 놓친다. 도전할수록 기회가 만들어지는데, 도전을 이어가지 않으니, 자기에게 생길 수 있는 기회를 날아가게 한다.

당신이 지금 정말 많이 노력하고 있다면, 조금 더 견뎌보자.

포기하지 않아야 기회도 생긴다. 포기하는 순간 그동안 쌓아왔던 모든 게 날아갈 수 있다. 어렵다고 좌절하지 말자. 난이도가 높은 만큼, 그 벽을 넘어 성공한 사람은 누구보다 가치 있고 용감한 사람이다.

PART 3.

성공하는 사람들의 비결

'성공'이라는 단어가 주는 아우라는 굉장히 멋지다. 성공하면 누구에게나 인정받고, 뿌듯함에 어깨도 으쓱해진다. 무수히 많은 사람이 성공을 꿈꾸는데, 성공하는 사람이 많지 않아서 동경의 대상이 된다.

성공하려면 노력이 필요하다. 그런데 노력은 쉬우면서도 어렵다. 개인적으로 성공하는 방법은 이미 다 알려져, 다들 잘 알고 있다고 생각한다. 유튜브에 검색만 하더라도 들을 수 있는 성공한 사람들이 말하는 성공 비결에는 공통점이 있다. 그것만 따라해도 성공에 한 걸음 더 다가설 수 있다. 핵심은 그것을 꾸준히 실천할 수 있느냐다. 왜냐하면 성공하는 방법을 알고 있어도, 실천하지 못해 성공의 꿈만 꾸고 남의 성공을 바라보기만 하는 사람이 많기 때문이다.

이 책을 선택한 당신에게 성공하는 사람들의 특징을 정리해서 알려주려 한다. 이것을 자기 것으로 만드느냐, 여전히 성공하는 사람의 전유물로 여기고 포기할 것인가는 당신의 선택에 달려있다.

1

좋아하는 걸 넘어 미쳐라

흔히 자기가 좋아하는 걸 직업으로 삼으라는 얘기를 많이 한다. 좋아하는 걸 해야 즐기면서 할 수 있고, 잘할 가능성도 높아진다는 것이다. 일리 있는 말이다. 일이 되면 즐길 수 없는데, 좋아하는 걸 할 때는 일이라고 생각하지 않아서 즐기게 되고, 일의 능률도 오르는 덕분이다.

이때 중요한 게 있다. 성공하려면 단순히 좋아하는 걸 넘어 미쳐야 한다. 좋아하는 정도로 해서는 성공하기 힘들다. 농구 선수로 성공해 현재는 방송인으로도 성공 가도를 달리고 있는 서장훈은 한 강연에서 "기성세대가 젊은 사람들에게 점수 따려고 '하고 싶은 거 즐기면 다 된다.'고 하는데, 즐겨서는 절대 안 됩니다. 즐겨서 되는 걸 단 한번도 본 적이 없어요. 물론 개인의 차이는 존재합니다. '큰 성공을 바라지 않고, 돈 많이 없어도 되고, 나는 내 가족이랑 즐겁게 살래.' 이런 분은 괜찮아요. 그런데 '내 꿈을 이뤄보겠다, 내가 원하는 곳까지 가보고 싶다.'고 하는 경우엔 얼토당토않은 이야기입니다."라고 열변을 토한 적이 있다.

성공한 사람 중 서장훈과 비슷한 이야기를 한 사람이 정말 많다. 서장훈이 말한 것처럼 피나는 노력으로 성공한 사람이 많다. 반면 좋아하고 즐겨서 성공한 사례는 드물다. 누구나 자기 성공에 대해 "즐기면서 가볍게 했는데 성공했어요."라고 말하지 않는다.

한 강연에서 방송인 노홍철은 "돈은 못 버는데 하고 싶은 일과 돈을 많이 버는 직업 중에 어떤 걸 선택할지 고민된다."는 질문을 받은 적이 있다. 이에 노홍철은 "너무 간단한데, 하고 싶은 걸 해서 돈을 많이 벌어야죠."라고 답했다. 여기에는 "돈을 많이 벌 정도로 하고 싶은 일에 미쳐야 한다."는 뜻이 담겨있다.

사실 처음 노홍철 답변을 들은 사람들은 표정에 의아함이 가득했다. 하지만 "중요한 건 얼마나 그 일을 좋아하는지예요. 자기 기준으로 생각하면 안 되고, '제가 이걸 이렇게 좋아하는데요.'라고 설명하지 않아도, 가족, 친구 등 주변 사람이 느낄 정도로 좋아해야 해요. 그 에너지가 보이면, 여러 곳에서 당신을 원할 거예요. 그 일을 좋아한다고 하는 다른 사람들이 나보다 에너지가 떨어지는 걸 들키는 순간, 무조건 저를 찾게 되어 있어요. 세상이 그래요. 가슴에 손을 얹고 좋아하는 그 일을 정말 좋아하는지 냉정하게 생각해보고, 진짜면 하세요. 그런데 자신 없으면, 지금 바로 돈을 벌 수 있는 일을 하세요."라고 노홍철이 설명을 덧붙이자 모두 고개를 끄덕였다.

노홍철의 말대로 하고 싶은 일을 하면서 성공하려면, 좋아하는 게 미친 수준으로 올라가야 한다. 내가 본 수많은 사람 가운데 자기가 하는 일에 제대로 미친 사람이 있었다. 그들은 자기 분야에 대해 자부심도 있었고, 해당 업계에서 인정받았다. 모두 좋아하는 감정을 넘어 미쳤기에 가져온 성과였다. 이 자리를 빌려 몇 명을 소개한다.

먼저 소개할 사람은 '농구 학자'로 불리는 손대범 기자다. 그는 농구계에서 원탑으로 인정받는 기자다. NBA 잡지인 〈루키〉 편집장과 〈점프볼〉 편집장을 지냈고, 현재는 농구 기자이자 해설위원, 농구 콘텐츠를 만드는 농구대학장으로 활발히 활동 중이다. 책도 꾸준히 집필하는데, 저자소개에 '손대범은 농구 경기를 보고, 농구에 대한 글을 쓰며, 농구를 말하는, 농구에 미친 기자.

스트레스 해소를 위해 농구 오락을 하고, 심지어 잠꼬대도 농구로 한다.'라고 쓴다. 인생 자체가 농구인 사람이다.

나는 〈점프볼〉에서 일하며 손대범 기자를 옆에서 지켜봤다. 예전에는 편집장님이라고 불렀는데, 최근 원고 내용 관련으로 연락했더니 형이라고 편하게 부르라고 해서 책에는 대범이 형이라고 편하게 적겠다. 대범이 형과 출장을 가서 한방에서 지낼 기회가 있었다. 그때 본인이 쓰는 취재 노트를 보여주었다. 글씨로 빼곡하게 채워진 노트에는 어떤 내용의 인터뷰인지, 날짜, 장소 등이 자세히 적혀있었다. 매년 시즌을 치를 때마다 그렇게 기록을 남긴 노트가 한두 권이 아니라고 했다. 그걸 보면서 나는 감탄할 수밖에 없었다.

한 번은 대범이 형이 편집장이었던 시절, 잡지 마감으로 밤을 새우고, 사무실 의자에서 잠든 모습을 봤다. 평소에는 현장에 취재를 나가는 건 물론, 해설위원을 비롯한 여러 방송 출연, 책 쓰기 등 몸이 10개라도 부족한 스케줄을 소화했다. 정말 혀를 내두를 정도였다. 내가 아무리 농구를 좋아해도 그 정도로는 할 수 없을 것 같았다. 그때 나는 느꼈다. '농구 기자로 우리나라 원탑이 되려면 하면 이 정도는 해야 하는 구나.'라고 나는 현재 종합격투기 대회를 여는 로드FC에서 일하고 있는데, 여기서는 격투기에 미친 두 사람을 보고 있다. 김수철·이정현 선수다. 수철이는 나보다 3살 어린 1991년생이다. 동생이지만 존경한다. 자기가 하는 일에 노력하는 모습을 보면 존경심이 생기지 않을 수 없다. 수철이는 늘 격투기만 생각하면서 사는데, 운동을 게을리하지 않는다. 하루도 쉬지 않고 운동하고, 언제 어디서든 조금이라도 시간이 생기면 아령을 들고 있다. 수철이가 운동하는 걸 본 사람들은 우스갯소리로 "태릉선수촌에서도 저렇게는 운동 안 하겠다."는 말을 하곤 한다.

일상이 운동이다 보니 수철이는 어렸을 때부터 이룬 게 많다. 20살인 2010년에 일본 단체 라이징온FC에서 페더급 챔피언, 22살에 싱가포르 단체인 원챔피언십에서 초대 밴텀급 챔피언이 됐다. 또 로드FC에서는 27살에 밴텀급 챔피언이 됐고, 올해는 페더급 챔피언을 달성했다. 32살에 아시아 3개 단체에서 4개의 챔피언 벨트를 들어 올린 것이다. 이는 격투기에 미쳐서 운동을 계속해왔기에 가능한 일이다.

이정현 선수도 수철이처럼 격투기에 미친 동생이다. 올해 21살인데, 정현이가 14살 때 처음 알게 됐다. 당시 로드FC에서 명예 기자 제도를 운영하고 있었는데, 최연소로 지원해 활동할 정도로 격투기에 대한 열정이 남달랐다.

정현이는 초등학교 6학년 때부터 격투기 선수를 꿈꿨다. 체육관 형들의 시합을 따라다니고, 로드FC 대회를 보면서 격투기 선수의 길로 들어섰다. 고등학교에 진학하기 전부터 자퇴를 생각했는데, 학교에 있는 시간이 아까웠다고 한다. 자기의 모든 시간을 종합격투기 프로선수가 되는 데 쏟기 위해 자퇴를 선택했다. 자퇴 문제를 두고 당연히 부모님과 트러블이 생겼다. 어떤 부모가 자퇴하는 아들을 두고 반길까? 다툼이 거의 1년이 이어졌지만, 앞으로의 목표와 계획을 설명해 부모님을 설득했다고 한다.

고등학교 1학년 때 학교를 자퇴한 정현이는 체육관에서 살았고, 로드FC의 아마추어 무대인 센트럴리그에 출전하면서, 꾸준히 경기를 뛰며 경험을 쌓았다. 프로 데뷔는 19살인 2020년에 했는데, 현재까지 프로 무대에서 치른 일곱 번의 경기에서 모두 승리했다. 작년에 로드FC 신인상을 받을 정도로 장래가 촉망되는 유망주다. 최근에는 추성훈 선수의 제자인 세이고 야마모토 선수를 KO 시켜서 화제가 되기도 했다. 스타로 떠오른 정현이를 위해 로드FC에서 플라이급 타이틀을 부활시킬지 고민하고 있고, 일본의 격투 천재 나스카와 텐신과의 대결도 추진하려고 한다.

정현이에게 자퇴에 대한 생각을 물어보니 "학창 시절부터 격투기에 미쳐있었어요. 매일 영상을 찾아보고 운동할 때마다 행복했어요. 그런데 아침 일찍 학교에 가서, 저녁 늦게 끝나는 게 아까운 거예요. 그래서 친구들이 학교에서 국어, 영어, 수학 배울 때, 저는 격투기를 배워야겠다 싶었죠. 자퇴를 결심하고, 1년 동안 부모님과 싸웠어요. 그때까지만 해도 부모님은 제가 운동에 진심이라는 걸 모르셨죠. 더는 시간을 보낼 수 없어, 목표와 기간을 확실히 얘기하고, 데뷔를 못 하면 검정고시를 치겠다고 부모님을 설득했어요. 그렇게 자퇴한 이후부터는 정말 열심히 살았어요. 자퇴를 후회한 적은 한번도 없어요. 제 인생에서 가장 잘한 것 중에 하나라고 생각해요."라고 했다.

대범이 형, 수철이와 정현이의 사례를 얘기한 것처럼 어떤 분야든 미칠 만큼 노력해야 진정으로 성공할 수 있고, 전문가가 될 수 있다고 생각한다. 한 분야의 정점을 찍으려면 당연한 과정이다. 미치는 것은 정말 좋아해야 가능하다. 내가 소개한 사람 외에도 자기 분야에서 성공한 사람들의 이야기를 들으면, 보통 사람들이 말하는 노력과는 비교조차 되지 않는다.

좋아하는 걸 넘어 미치라는 이유는 하나 더 있다. 좋아하는 게 일이 되면 장·단점이 분명 존재하기 때문이다. 좋아하는 걸 직업으로 삼으면, 퇴근 후에 나를 힐링시켜주던 것이 더는 힐링의 대상이 아니게 될 때가 있다. 좋아하는 걸 일로 하더라도, 즐기면서 할 수 있는 정도가 되려면, 좋아하는 걸 넘어 미쳐야 한다. 단순히 좋아하는 마음으로 하는 것은 자칫하면 나의 취미 생활, 힐링 창구마저 없애버릴 수 있다. 정말 미쳐야, 일이 아닌 사랑하는 존재가 된다.

가수 싸이는 "지치면 지는 거고, 미치면 이기는 겁니다."라고 했다. 정말 성공하고 싶으면, 좋아하는 걸 넘어 미쳐야 한다.

2

성공을 원하면 미룰 건 미루자

'욜로(You Only Live Once)', '워라밸(Work-Life Balance)'은 정말 좋은 말이다. 자기의 인생을 즐긴다는 게 얼마나 좋은 일인지 누구나 다 알 것이다. 한번 사는 인생을 즐길 수 있다는 건 진정 복이다. 이로써 모든 사람이 인생을 즐기면서 사는 걸 원한다.

인생을 즐기기 위해서는 돈이 필요하다. 적은 돈 아니, 돈이 없어도 행복할 수 있는 사람이면 상관없다. 그들은 많은 돈이 아니더라도, 행복해지는 방법을 알고 있어서, 자기만의 스타일대로 잘 살아간다.

문제는 돈이 있어야 인생을 즐길 수 있는 사람들인데, 돈이 중요하고 많이 필요하다면서 욜로와 워라밸도 외친다. 욜로는 현재 자신의 행복을 중요하게 생각하는 태도, 워라밸은 일과 삶의 균형을 이루는, 다시 말해 일에 모든 인생을 쏟고 싶어 하지 않는 마음이다. 그런데 욜로와 워라밸을 잘못 이해하고 해석하는 사람들이 있다. 욜로는 미래를 생각 안 하고 탕진하는 게 아니라, 미래를 대비하면서 현재를 최선을 다해 즐기는 것이다. 앞뒤 생각 안 하고 지르는 게 욜로가 아니다. 워라밸도 일과 삶의 조화를 이루는 것이지, 내 삶만 중요하게 여기고 일을 대충 하는 게 아니다.

큰 성공을 위해서는 욜로와 워라밸도 포기해야만 한다. 금수저거나 능력이 뛰어나서 욜로와 워라밸을 지키면서도 성공을 거둘 수 있는 사람은 제외다. 그러나 평범한 사람이라면 결코 쉽게 성공할 수 없다. 평범한 사람이 본인 꿈으로 성공하려면, 인생을 걸어도 될까 말까다. 그저 꿈만 외쳐서 해결되는 문제가 아니다. 자기 인생을 자유롭게 즐기려면, 그에 따른 리스크도 본인이 책임질 수 있어야 한다. 성공을 원하면서 젊었을 때 욜로와 워라밸만 외치다가는 성공하지 못할 가능성이 높다. 성공하는 사람도 있겠지만 극소수다. 대부분 자기가 원하는 만큼의 성공은 아니다. 젊을 때는 신체 건강하고 걱정이 없겠지만, 나이 들어서는 문제가 된다. 모아놓은 돈이 없으면 사는 게 힘들어지기 때문이다.

세계 최고의 부자가 된 일론 머스크도 부자가 되기까지 많은 노력을 기울였다. 그의 성공이 운이라고 하는 사람도 있지만, 그는 워라밸은 안중에도 없을 정도로 일했다. 일론 머스크는 "하루 16시간씩 일주일 내내 일하고 1년 52주 동안 일했는데도, 사람들은 여전히 나를 '행운아'라고 부른다."며 본인이 성공한 베이스가 노력이었다는 걸 강조했다.

꽤 많은 시간을 투자하고 노력해야 성공을 맛볼 수 있다. 이런 말을 하는 나를 꼰대라고 생각해도 괜찮다. 하지만 인생은 현실이고, 실전이다. 노력하지 않는데 성공하는 경우는 거의 없다. 로또에 당첨되는 사람도 로또를 구매하는 시도를 했기에 당첨이 되는 거다. 로또를 안 사면 그 작은 확률조차 생기지 않는다.

실제로 카 푸어가 매우 많다. 중고차 딜러가 운영하는 유튜브만 보더라도 카 푸어의 사례를 쉽게 접할 수 있다. 자기 경제 상황을 고려하지 않고, 수많은 명품을 구매하는 사람도 많다. 미래보다는 현재 자신의 인생을 즐기고 싶다는 이유로 비싼 제품을 서슴없이 사들이는 것이다.

경제적인 능력이 돼서 자기만족을 위해 구매하는 건 괜찮다. 내가 번 돈을 나에게 투자한다는 건 좋은 일이다. 문제는 미래는 생각 안 하고 감당할 수 없을 정도로 돈을 쓸 때다. 당장은 고급 외제 차, 명품과 함께해 행복하겠지만, 빚으로 돌아오면 지옥이 시작된다.

KBS Joy에서 이수근·서장훈이 진행하는 〈무엇이든 물어보살〉에 버는 금액에 비해 터무니없이 많은 금액을 차와 명품을 사는 데 쓰는 사람이 출연한 적이 있었다. 월급은 적은데, 억대의 차와 명품에 중독돼 지금을 즐기자며 무리하게 돈을 쓰는 사람이었다. 이수근은 그에게 "젊을 때 숙이고 살아야 나이 먹고 허리 펴고 사는 거야."라고 말했다. 젊을 때 숙인다는 건 비굴하게 살라는 뜻이 아니다. 어떤 일이든 노력하고 인내해서 무언가 이루라는 뜻이다. 그래야 젊었을 때 모아놓은 재산을 바탕으로 성장해, 나이가 들어서 돈 때문에 비굴하게 살지 않는다는 것이다.

서장훈은 "내가 열심히 농구해 돈을 모아서 가장 행복한 게 뭔지 알아? 내 마음대로 뭘 사고, 뭘 먹고 하는 경제적 부유함이 아니라, 남한테 아쉬운 소리 안 할 수 있다는 거야. 너무 다행이고 감사한 일이야. 왜냐하면 내 또래에 돈 때문에 비굴하게 사는 애들 많거든."이라며 미래를 대비해야 한다고 조언했다.

현재를 즐기는 건 좋다. 그러나 명심해야 할 것은 당장 내일도 걱정해야 할 정도로 카 푸어 같은 신세가 되면 안 된다. 사람마다 가치의 기준은 다르겠지만, 미래에도 당당하게 살고 싶다면, 무리한 지출은 지양해야 한다.

영화 〈위대한 개츠비〉에 "노는 것을 조금 미루면 노는 물이 달라진다."는 대사가 나온다. 성공을 위해 노력하면, 더 큰 물에서 더 멋지게 놀 수 있다. 미래를 위해 현재를 투자할 것인지, 오늘만 바라보고 살 것인지의 결정은 당신이 하는 것이다. 그 선택에 대한 대가를 감당해야 할 사람도 당신이다.

3
자신의 인생을 살아라

　우리는 초등학생부터 장래 희망을 적으라고 하고, 어떤 사람이 되고 싶은지, 어떤 직업을 가지고 싶은지 물어본다. 자연스럽게 꿈을 가지라는 강요를 받는다. 그리고 초·중·고등학교 그리고 대학교까지 진학하면서 꿈이 조금씩 구체적으로 바뀌고 선택하게 된다. 그런데 꿈을 빨리 정해서 달려가는 사람도 있지만, 꿈을 정하지 못해 고민하는 사람도 많다. 심지어 성인이 된 후에도 꿈이 없는 사람이 적지 않은데, 나이가 들어가며 주변에서 꿈을 정하는 친구들을 보면 흔들리게 된다. '빨리 나도 뭔가를 정해야 하지 않을까?'라는 걱정이 생기기 때문이다. 또 부모님과 주변 어른이 앞으로의 계획을 물어보면 더욱 조급해진다.

이때 본인 의지대로 꿈을 선택하지 못 한 사람이 꽤 된다. 부모님에게 등 떠밀리거나, 친구 따라 강남 가듯 분위기에 휩쓸려 선택하기도 한다. 부모님이 공부하라고 해서, 학원 다니라고 해서, 대학도 부모님이 가라고 해서, 친구가 그 학교에 가니까. 이런 식으로 선택하면, 언젠가는 인생에 회의감이 든다. 분명 내가 선택했는데, '내가 왜 이걸 해야 하지?'라는 의문이 생긴다. 이때부터는 후회가 남고, 해야 하는 것도 하기 싫어진다.

그래서 꿈을 선택할 때는 본인 의지가 가장 중요하다. 꿈을 꼭 가지라는 강요 때문에 다급해져서 흔들리면 '나'의 인생을 살지 못하게 된다. 내가 하고 싶은 것도 해봐야 하고, 내가 어떤 것에 재능이 있는지 여러 경험을 해보고 선택해야 하는데, 그 과정이 빠졌기 때문이다. 남이 아무리 옳은 선택을 하도록 도와준다고 해도, 내가 만족하지 못하면 좋은 선택이 아니다.

가수 윤종신은 꿈에 대해 다음과 같이 말한 적이 있다.

"꿈을 가지라는 주변의 강요에 흔들려 겪어보지도 않고, 떠밀리듯 꿈을 결정해버리는 실수를 하지 않았으면 좋겠어요. 모든 사람이 처음부터 자기 자신에 대해 잘 알 수는 없어요. 탐색과 경험과 시행착오의 시간이 반드시 필요해요. 꿈은 내가 원하는 게 무엇인지 확실히 알게 되고, 확신이 생긴 다음에 정해도 늦지 않아요."

꿈을 선택하는 과정에서 꼭 자기가 바라는 것을 선택하기를 바란다. 꿈에 도전해 시도해봤다면, 실패하더라도 후회가 남지 않는다. 그러나 시도조차 하지 않는다면 시도하지 못한 나 자신에게 실망하고, 미련이 생긴다.

내 꿈을 위한 선택을 하려면, 어렸을 때부터 부모님의 교육이 굉장히 중요하다. 내 자식을 아낀다고 뭐든지 다 도와주고, 대신해주면 스스로 해내는 능력이 떨어지므로, 아주 작은 선택부터 본인이 선택하게 하고, 책임지는 것도 배우게 해야 한다.

카이스트의 정재승 교수는 SBS 〈집사부일체〉에 출연해 요즘 젊은 세대가 선택을 어려워하는 이유에 대해 "지금의 청소년과 젊은 세대들은 햄릿증후군(셰익스피어의 소설 『햄릿』에 나오는 대사 '죽느냐 사느냐 그것이 문제로다.'라며 선택을 못 하는 주인공 '햄릿'의 이름에서 따온, 일종의 성격장애)을 앓고 있어요. 왜냐하면 중요한 의사 결정을 자기가 직접 고민하는 기회가 현저히 적기 때문입니다. 요즘은 부모님들이 알고 있는 정보가 너무 많아 아이들이 선택하고, 무엇을 원하기 전에 바로 앞에 대령해 주거든요. 내가 굳이 심사숙고하여 선택하지 않아도 되는 거예요. 이런 상황이 많다 보니까 어른이 되어서 갑자기 '네가 선택해.' 하는데, 그게 당황스러운 거죠."라고 했다.

모든 걸 부모님이 다 해주면 아이들이 성장하지 못한다. 내가 스스로 생각하고 선택한 꿈이 아니기 때문이다. 부모님이 꿈을 정해주면 꿈을 빨리 가질 수 있는 데서 오는 장점도 있지만, 단점도 있다. 충분히 자기 꿈에 대해 고민해서 선택할 수 있도록 기다려주는 시간도 필요하다. 그래야 남의 강요에 의해 억지로 하는 선택이 아닌, 내가 선택한 내 인생을 살 수 있다.

자기가 직접 선택해 좋아하는 일을 하면 장점이 많다. 좋아하는 것이기 때문에 누구보다 열심히 하게 되고, 일하는 시간이 즐겁다. 성공할 가능성이 높아진다는 얘기다. 물론, 앞에서 "좋아하는 걸 넘어 미쳐라."고 했듯 미친 듯한 노력이 뒷받침되어야 한다.

우리나라 요식업에서 손꼽히는 요리연구가 백종원이 자기가 좋아하는 일을 선택해서 성공한 대표적인 케이스다. 백종원은 어렸을 때부터 먹는 것을 좋아했다. 맛집을 찾아다니는 걸 좋아하고, 요리하는 걸 좋아해 음식 관련된 일을 하는 것을 꿈꿨다. 지금의 성공을 거두기 전까지 17억의 빚을 지고 사업에 실패하기도 했지만, 좋아하는 일이기에 여러 도전을 하며 결국 성공했다. 현재 백종원은 사업가로 성공해 수많은 방송에도 출연하며, 대중적으로 인지도도 높다.

백종원은 본인의 성공은 자기가 좋아하는 것을 했기에 가능하다고 말해왔다. 그리고 꿈에 대해 고민하는 청춘들에게 "자기가 좋아하는 일을 해야 해요. 내가 좋아하는 일을 하다 보면, 꿈과 목표를 이룰 수 있어요. 저는 좋아하는 일과 꿈, 목표가 달라서 고생했고, 꿈과 목표는 이루는 것 같지만 좋아하지 않아서 힘들었어요. 그런데 지금은 너무 행복해요. 일벌레 같다고 소문이 났는데, 와이프도 내가 일을 너무 많이 한다고 미쳤다고 해요. 집에서 게임하는 시간 말고는 앉아서 음식 사진 보고, 음식 동영상을 보는데, 너무 행복해요. 그리고 자기가 좋아하는 일을 하면 시간 가는 줄 몰라요. 지금이라도 자기가 좋아하는 일을 하고, 그 시간이 차곡차곡 쌓이다 보면 결국 그 일만큼은 날 따라올 사람이 없게 돼요."라고 조언했다.

인생은 한번뿐이다. 소중한 내 인생의 선택은 다른 사람에 의해 좌우되지 말고, 오롯이 내 의지대로 이루어야 한다. 그래야 진정한 내 삶이다. 이 책을 읽는 모든 사람이 남의 인생이 아닌 자기 인생을 사는 멋진 선택을 하길 바란다.

만화가 이현세의 말을 빌려 당신에게 전하고 싶은 말이 있다.

"가장 재미있는 삶은 정직하게 자신이 하고 싶은 대로 사는 삶입니다. 남에게 보이기 위한 삶은 가짜입니다. 자기를 위해 자신에게 정직한 삶을 우리도 가질 때가 되었습니다."

4
무엇이든 시도해라

많은 사람이 기회는 준비된 자에게만 온다고 생각한다. 나 역시 그랬다. 그래서 오는 기회를 기다리며 막연한 준비를 했다. 그런데 기회는 직접 만드는 것이기도 하다. 이것저것 시도하면서 얻는 기회 말이다. 이런 기회는 꼭 꿈에 관련한 일을 해야 생기는 건 아니다. 다양한 실천을 하다 보면 기회가 찾아오는 경우가 많다.

'후라이드 참 잘하는 집'으로 프랜차이즈 대박 신화를 이루고, 현재는 〈장사의 신〉 유튜브를 운영 중인 은현장 대표는 "생각했으면 바로 움직여. 바로 움직이지 않고 일주일 뒤, 한 달 뒤 이러면 안 돼. 성공하고 실패하는 사람은 여기에서 차이가 나. 당신이 시도를 해봤느냐, 안 해봤느냐 이게 진짜 중요하다니까. 시도하다 보면 뭐라도 하나 걸려."라며 시도하지 않고 머뭇거리는 사람들에게 일침을 가한 적이 있다.

'시도'라는 말을 떠올렸을 때 나는 故 정주영 회장이 늘 떠오른다. 개인적으로 존경하기도 하고, 맨땅에 헤딩해 무에서 유를 창조해낸 사람이기 때문이다. 아무것도 없는 상태에서 항상 기회를 스스로 만들어내는 사람이었는데, 누가 봐도 불가능할 것 같은 일도 해내는 기적을 일으켰다.

정주영 회장의 생애는 '인생 역전' 그 자체였다. 가난한 농부의 아들로 태어나 가정 형편상 공부도 많이 할 수 없었다. 지금 시대로 따지면 초등학교만 졸업했다. 서울에서 성공을 꿈꾸는 정주영 회장과 달리, 아버지는 장남이니 농사를 지어야 한다며 아들을 타일렀다. 그러나 아버지의 간절한 마음에도 아들을 설득할 순 없었다. 정주영 회장은 여러 번 가출했고, 인천에서 막노동하며 돈을 벌었다. 어느 정도 돈이 모이자 서울의 한 쌀가게에 취직했는데, 워낙 성실한 스타일이기에 주인의 무한한 신뢰를 얻어 가게를 물려받기도 했다. 아무리 큰 믿음이 있어도 남에게 가게를 물려주는 게 쉬운 일이 아니므로, 주인이 얼마나 정주영 회장을 신뢰했는지 가늠조차 되지 않는다.

순조롭게 풀릴 것 같았던 정주영 회장의 인생은 우여곡절이 끝이 없었다. 일본이 미곡통제령을 내려 가게가 망하는가 하면, 돈을 빌려 인수한 아도서비스라는 자동차 수리 공장은 화재로 망해버렸다. 그럼에도 불구하고 끈기가 대단한 정주영 회장은 공장을 인수할 당시 돈을 빌려준 사람을 설득해 다시 돈을 빌려, 또다시 자동차 수리 공장을 설립했다. 이 수리 공장으로 빚을 갚고 재산도 많이 모았지만, 일제에 의해 강제 흡수되는 시련을 겪었다.

그 상황에서도 정주영 회장은 모아둔 돈으로 해방 후, 충무로에 현대자동차 공업사를 설립하며 재기했다. 이는 현재 현대자동차의 모태다. 자동차 개조업도 운영하며 승승장구하던 정주영 회장은 6.25 전쟁이 터져 부산으로 피난 갔다. 그곳에서는 미군의 숙소를 짓는 일을 했는데, 일을 워낙 잘해 전쟁 중 미군이 발주하는 긴급 공사를 대거 수주했다.

아이젠하워 대통령의 방한에 양변기 설치를 의뢰받았을 때는 태어나서 한번도 양변기를 본 적도 없었다. 부산의 UN군 묘지에 푸른 잔디를 깔아달라는 요청을 받았을 때는 겨울이었다. 뿐만 아니라 428km의 경부고속도로도 2년 만에 완공하고, 자동차 제조에도 성공했다. 듣기만 해도 불가능한 일을 그는 다 해냈다.

정주영 회장의 성공 스토리 중 가장 유명한 일화가 있다. 바로 조선 사업이다. 정주영 회장은 배를 만든 경험도 없었고, 조선소도 없는 상황에서 사업을 시작했다. 막대한 자금이 필요한 정주영 회장은 백사장 사진과 유조선 도면만 들고 무작정 유럽으로 향했다. 그리고 영국 바클레이즈 은행을 찾아가 거절당하자, 애플 도어의 롱 바텀 회장에게 추천서를 요청했다. 가난한 나라에서 온 이름 모를 사람의 요청은 당연히 거절이었다. 그래도 정주영 회장은 포기하지 않았다. 당시 500원 지폐에 그려진 거북선을 보여주며 "한국은 1500년대에 이미 철갑선을 만들었다."면서 믿어달라고 했다. 신기하게도 롱 바텀 회장은 정주영 회장에게 추천서를 써줬다.

추천서 다음에 필요한 건 영국 수출신용보증국이 조건을 건 선박 주문서였다. 이때까지 정주영 회장에게는 조선소가 없었다. 당연히 주문서도 없었기에 다음 단계 진행이 불가능해 보였다. 그 상황에서 정주영 회장은 배를 만들어주지 못하면 계약금에 이자까지 주고, 배에 하자가 있으면 원금 전액을 돌려준다는 파격적인 조건을 걸었다. 굉장히 리스크가 큰 조건이었지만, 결국 그리스의 라바노스에게 26만 톤의 배 두 척을 주문 받는 기적을 낳았다.

문제는 끝나지 않았다. 주문받은 선박을 정해진 기간에 완성하기엔 시간이 촉박했다. 하는 수없이 조선소를 지으며, 선박을 함께 만드는 무모한 도전이 시작됐다. 그렇게 1974년, 기적처럼 현대중공업 준공식과 함께 애틀란틱 배런호가 탄생했다. 정주영 회장에게는 사실 기회 자체가 없었다. 그런데 불가능해 보이는 일을 불가능하다고 생각하지 않고, 계속 시도하며 스스로 기회를 만들어냈다.

당신도 할 수 있다. '정주영 회장이니까 가능한 거지!'라고 생각하는 사람도 분명히 있을 것이다. 그런 생각으로는 그 어떤 큰 일도 해내지 못한다.

정주영 회장은 불가능하다고 말하는 사람들에게 해보지 않고서는 성공, 실패 유무를 따지지 말라는 메시지를 던져왔다. 그리고 시도하기 전에 실패를 걱정하는 사람들에게 항상 이렇게 말했다.

"이봐, 해봤어?"

5

너무 먼 미래보다 현재에 충실해라

대부분 목표를 설정할 때 "꿈은 크게 가지라."는 말을 떠올리며, 목표를 크게 설정한다. 누구나 큰 성공을 이루고 싶은 게 당연하므로 이해는 한다. 나 또한 큰 성공을 하길 원한다. 하지만 목표가 클수록 시간이 오래 걸린다. 이런 목표는 장기 계획으로 가야 한다.

나는 큰 목표도 좋지만, 먼 미래에 이룰 수 있는 목표보다는, 현재에 충실히 하라는 말을 꼭 하고 싶다. 많은 사람이 꿈은 크게 꾸는 게 좋다고 한다. 맞는 말이지만 사람을 지치게 만들기도 한다. 큰 꿈을 바라보고 달려가다가, 노력의 기간이 너무 길어져서 힘 빠지는 경우를 굉장히 많이 봤기 때문이다.

사람의 집중력에는 한계가 있다. 초·중·고등학교, 대학교까지 수업 시간이 모두 다른 건 집중력 때문이다. 집중력은 나이와 사람마다 다르다. 가만히 있어도 체력이 소모되는 게 사람이다. 아무리 좋아하는 일을 해도, 1시간 이상 지나면 집중력이 흐려진다. 재밌는 게임도 많이 하면 지루해지고, 조수석에 가만히 앉아 있어도 차를 오래 타면 피곤하다. 인내심이 강한 사람이라면 조금 더 많이 버티겠지만, 대부분이 1시간이 지나면 힘들어지기 마련이다.

장기 목표도 마찬가지다. 너무 긴 장기 레이스를 하면 지친다. 우리나라 사람들은 의지가 굉장히 강하지만, 성격도 굉장히 급하다. 빨리 끓어오르고 빨리 식는다. 너무 먼 미래의 꿈을 세우면, 그걸 이룰 때까지 버티기가 쉽지 않다. 장기 목표도 중요하지만 일단 현실에 충실할 것을 권하고 싶다. 당장 한 치 앞도 모르는 게 인생이다. 현재에 충실하지 못하면 미래도 없기에, 눈앞의 현실에 충실하면서 조금씩 먼 미래를 봐야 한다.

현재에 충실하면서 최고의 자리에 오른 사람을 소개하겠다. 국민 MC 유재석이다. 워낙 성실하고, 그 흔한 구설수 하나 없으니, 많은 사람이 유재석을 보며 바른 생활, 계획적인 생활을 떠올리곤 한다. 그러나 유재석은 의외로 계획과 목표가 없다고 한다. 철저한 계획을 세우고, 그것을 꾸준히 실천하며 살 것 같은 이미

지와는 정반대의 삶이다.

방송에서 그동안 보여준 이미지와는 달리, 유재석은 성격 자체가 계획과 목표를 세워 어디까지 가야 한다는 것에 스트레스를 많이 받는다고 한다. 계획과 목표가 없는데도 유재석이 성공할 수 있었던 비결은 현재에 충실히 한 태도다. 먼 미래를 바라보기보다는 매 순간 최선을 다해서 인생을 살고, 자기 앞에 주어진 일을 소화해낸다고 한다.

그가 이렇게 현재에 열심히 살게 된 건 과거 자신의 모습 덕분이다. 무명 시절 유재석은 매일 다음 날 뭘 해야 할지 걱정하면서 지냈다고 한다. 일이 잡힌 날도 있었는데, 갑자기 나오지 않아도 된다는 통보를 받기도 하는 등 불확실한 미래에 불안했다고. 무명 시절이 길어지면서 그의 고민과 스트레스가 깊어갔는데, 단 한 번만 기회를 주면 정말 열심히 살겠다고 다짐했다고 한다. 그러던 어느 날 기회를 얻은 유재석은 그 후부터 하루하루 최선을 다하며 살고 있다고 한다. 많은 유혹이 다가왔지만 흔들리지 않고, 수십 년째 순간순간 충실히 임하는 성실한 생활을 이어오고 있다.

유재석은 방송을 위해 담배도 끊었다. 예능 프로그램을 하면서 야외에서 많이 뛰어다니는데, 방송의 재미를 위해서는 아슬아

슬하게 잡고 잡히도록 해야 했다. 그런데 담배를 피우면 체력을 유지할 수 없다는 게 금연의 이유다. 흡연자라면 알겠지만, 금연은 웬만한 의지력 없이는 할 수 없는 일이다. 그만큼 유재석은 자기가 다짐한 현재에 혼신의 힘으로 최선을 다하는 삶을 살고 있다.

누구나 앞으로의 인생을 알 수 없고 장담할 수 없다. 우리가 미래를 바꿀 수 있는 방법은 현재를 최선을 다해서 살아가는 것뿐이다. 현재를 충실하게 살지 않으면 미래가 없다. 열심히 살지 않는데, 미래가 밝을 수도 없다. 너무 먼 미래의 목표를 세워 금세 지치지 말고, 현재에 충실한 삶을 살아보자. 현재에 충실하면 언젠가 당신이 원하는 더 큰 밝은 미래도 맞이할 수 있다.

메타버스를 활용한 미디어 사업을 하는 제로 스페이스의 공동 창업자 조던 르주완의 말을 빌려 현재에 충실하기를 바라는 나의 메시지를 전하려고 한다.

"현재에 집중하는 법을 배우세요. 과거는 바꿀 수 없기에 과거에 집착하는 것은 좋지 않아요. 그냥 과거의 실수를 반복하지 않을 정도만 생각하세요. 그리고 미래는 현재 하는 행동에 대한 결과예요. 그렇기 때문에 과거를 통해 배우고, 더 나은 현재를 살다 보면 당신은 성공하게 될 거예요."

6

나이 따지지 말고 도전해라

2016년, 영화배우 김보성(허석김보성으로 개명했지만 편의상 김보성으로 표기)이 종합격투기 대회 로드FC에 데뷔했다. 소아암 어린이 돕기를 위한 기부를 목적으로, 일본의 콘도 테츠오 선수와 붙은 것이다. 워낙 여러 방송으로 소식이 전해지기도 했고, 당시 중계를 맡은 MBC 스포츠플러스에서 4%가 넘는 시청률을 기록할 만큼 꽤 많은 사람이 경기를 지켜봤다.

처음 김보성의 종합격투기 도전 얘기를 들었을 때, 모두가 만류했다. 당시 나이가 51세라 위험한 프로 시합을 굳이 왜 하냐는 것이었다. 김보성의 도전에 멋있다고 박수치는 사람은 소수에 불과했고, 대부분 미쳤다는 반응을 보였다. 미쳤다는 표현도 맞는 것이 김보성은 한쪽 눈이 실명된 상황이었고, 그나마 보이는 눈도 시력이 굉장히 낮았다. 종합격투기 시합을 뛰는 것 자체가 엄청난 도전이었다. 그런데도 소아암 어린이 돕기라는 명분 하나로 모든 위험을 감수했다.

나는 로드FC에서 홍보를 담당하면서 김보성과 인연이 생겼다. 책이라 김보성이라고 표기하지만, 사석에서 그를 부를 때는 "김보성 배우님"이라고 정중하게 부른다. 처음으로 알게 된 것은 2015년이었다. 털털하고 호탕한 성격이 방송으로 비친 이미지와 똑같았다. 사실 연예인이기에 다가가기 어려울 거라 생각했는데 인터뷰를 하고, 여러 자료를 주고받으면서 자연스럽게 가까워졌다. 방송 스케줄도 있고, 나이가 많다 보니 운동을 많이 할 수 있는 환경이 아닌데도, 열심히 생활하는 모습이 보기 좋았다. 특히 시합을 앞두고 시간이 날 때마다 최선을 다해 운동하면서, 체력과 기량을 최대한 끌어올리려고 노력하는 자세가 인상적이었다.

경기 날 아침까지도 연락하며 아침 식사하는 사진을 받았는데, 긴장이 될 텐데도 끝까지 친절했다. 와이프가 차려준 음식으로 식사를 하고, 서울 장충체육관으로 온 김보성은 차분히 자기 차례를 기다리며 경기를 준비했다.

이날 현장에는 정말 많은 사람이 모였다. 장충체육관 수용 인원을 가득 채운 약 5,000명의 관중이 김보성의 경기를 보기 위해 입장했다. 동료 연예인도 많이 와서 케이지 주변의 VIP석이 부족해, 선 채로 경기를 지켜보는 연예인도 있었다. 나는 현장에서 언론사 기자들을 관리하는 일을 하는데, 8년간 로드FC 대회 중 가장 취재 열기가 뜨거웠다.

결과는 알다시피 김보성의 패배였다. 그런데 승패보다 중요한 건 목적 달성이었다. 김보성의 목적은 소아암 어린이 돕기였다. 이날 김보성의 파이트머니를 비롯해 관중 입장 수익, 그리고 각종 기부금까지 더해져 총 200억 원 이상의 기부금이 모였다. 늦은 나이라고 시도하지 않았다면, 절대 모일 수 없는 금액이었다. 비록 안와골절 부상을 입었지만, 김보성은 그 경기에 출전했던 걸 후회하지 않는다고 한다.

도전을 앞두고 많은 사람이 이런저런 핑계를 댄다. 그중 대표적인 하나가 너무 늦었다는 것이다. 도전에 늦은 나이란 없다고 생각한다. 늦었다고 생각하는 순간에도 시간은 계속 흐르고 있다. 지금 당장 도전해야 가장 빨리 도전할 수 있다. 셀트리온의 서정진 회장은 45살에 정년퇴임한 뒤 사업을 시작했다. 1997년 넷플릭스가 처음 탄생할 때 공동 창업자인 리드 헤이스팅스는 우리나라 나이로 38살, 마크 랜돌프는 40살이었다.

서정진 회장은 한 강연에서 "도전해보라고 하면 사람들이 많이 늦었다고들 해요. 저는 마흔다섯에 시작했어요. 돈 없다고 해요. 저는 5,000만 원으로 시작했어요. 또 그쪽 분야의 전문가가 아니라고 그래요. 전부 핑계일 뿐이에요. 저는 생명공학과 약학, 그리고 의학을 다 독학한 사람이에요. 절실하면 하게 돼 있어요."라며 도전을 독려했다.

늦었다고 생각해 시작하지 않으면 계속 시간을 보내고, 더 늦어지기만 한다. 박명수도 "늦었다고 생각할 때가 진짜 늦은 거다. 그러니 지금 당장 시작하라."고 했다. 늦었다고 포기하지 말고, 지금 당장 시작하는 게 가장 빨리 시작할 수 있는 시기다.

7

내가 나를 믿지 않으면 누구도 나를 믿지 않는다

앞에서 '자신의 인생을 살아라'는 주제로 본인이 원하는 것을 꿈꾸라고 했다. 살다 보면 자기가 원하는 꿈을 선택했는데, 부모님의 반대에 부딪히는 경우가 있다. 부모님의 생각과 나의 생각이 다르다면, 내 꿈을 위한 설득의 과정이 필요하다. 이때 중요한 건 자신에 대한 나의 믿음이다. 내가 나를 믿어야 다른 사람도 믿게 할 수 있다. 스스로 믿음이 없는데, 다른 사람이 나를 믿게 하기 힘들다.

지금은 종영했지만, MBC 예능 프로그램 〈황금어장 무릎팍도사〉에 출연한 전현무는 "내가 나를 믿지 않으면 남도 나를 믿지 않는다."고 했다. 스스로에게도 신뢰를 주지 못하는 사람은 다른 사람에게도 신뢰를 얻지 못한다는 의미다.

나에 대한 믿음이 생기려면 꿈에 대한 확신, 자신감, 실력이 필요하다. '내가 잘 할 수 있을까?', '안 되면 어떡하지?' 등 시작도 하기 전에 자기 자신을 의심하는 건 금물이다. 의심하는 순간 걱정이 앞서고, 긴장하고 겁을 먹어, 도전을 미루는 결과로 이어진다. 이러한 이유로, 계속해서 마인드 컨트롤하며 내가 나를 믿도록 해야 한다.

스스로 믿음을 가지지 못하면 표정과 말투, 행동에서도 불안함이 드러난다. 대학생이라면 과제 발표할 때 긴장하면, 좋은 점수를 받기 힘들다. 내가 준비한 것을 확실하게 전달하기 힘들기 때문이다. 만약 영업사원인데, 나조차도 믿음이 없어 고객에게 제대로 설명을 못 한다면, 물건을 팔기 힘들어진다. 상대방 입장에서 생각해보자. 나를 설득하러 온 사람이 자기 확신이 없다면 당신이라면 믿겠는가? 불안한 사람을 누가 믿을까. 안타까운 마음에 호의를 베풀며 구매해주는 사람도 있겠지만, 보통의 사람은 믿음을 가지지 못해 구매로 이어지지 않는다.

자신에 대한 믿음이 없는 사람은 스스로를 과소평가하고, 꿈도 작게 잡는다. 꿈을 작게라도 잡으면 다행이다. 대부분 시도조차 하지 않고 그냥 포기해버리는 경우가 많다. 아직 일어나지도 않은 일로 걱정해서, 결국 미래의 가능성까지 없애버린다.

반면 성공하는 사람들은 자신감이 넘친다. 자신을 믿고 과감히 도전한다. 아무리 주변 사람들이 무모한 도전이라고 해도 자기를 믿고 의지를 굽히지 않는다. 남들이 말하는 "그게 되겠어?", "쟤 미친 거 아니야?", "안 될 걸 왜 해?"라는 부정적인 얘기도 가볍게 무시한다.

인터넷 방송 BJ로 유명한 랄랄은 현재 굉장히 활발한 성격과 달리 과거에 우울증을 겪었다고 한다. 자기 자신에 대해 자존감이 떨어져서 스스로에 대한 믿음도 없었다고 한다. 현재는 그 누구보다 자존감이 높으며, 굉장히 밝은 성격의 소유자다. 랄랄은 스스로 믿고, 사랑하고, 운동하고, 자신을 가꾸면서 자존감이 높아졌다고 한다.

랄랄은 "내가 나 자신을 믿지 못하고, 나 자신을 놔버리면 그누구도 나를 믿어주지 않아요. 그 누구도 나의 자존감을 높여줄수도 없고요. 내가 나를 믿어야 해요. 내가 나를 사랑해야 해요. 내가 나를 가꾸고 돌봐야 자존감이 높아져요."라며 자존감 높이는 방법에 대해 말했다.

스스로 이겨내지 못하면 끝이다. 사회에서도 남을 설득하기 위해서는 나부터 자신감을 갖고, 믿음이 있어야 한다. 자기 확신을 가진다고 해서 전부 다 성공하는 건 아니다. 세계적으로 성공한 사람들도 실패하고, 시행착오를 겪으면서 때론 좌절하기도 했다. 그래도 좌절에 무너지지 않고, 다시 일어서고, 끝까지 도전한다. 무에서 유를 창조하는 게 얼마나 어려운지 알기에, 본인만이 할 수 있다고 믿으며 끝까지 밀어붙인다.

NBA 레전드 덕 노비츠키는 "모든 꿈은 미친 소리처럼 들리기 마련이다. 그 꿈이 이뤄지기 전까지는."이라고 말했고, 드웨인 웨이드는 "나의 믿음은 당신의 의심보다 강하다."는 말을 남겼다.

큰 성공을 거두려면, 부정적인 것과 맞서야 한다. 자기 자신을 믿고, 확신으로 앞으로 나아가는 것. 그것이 성공으로 가는 첫걸음이다. 자신을 믿지 못하는 사람들에게 존 데이비슨 록펠러의 명언을 전해주고 싶다.

"스스로 못할 것이라고 생각하는 것은 자신을 속이는 가장 큰 거짓말임을 명심하라."

8

걱정할 시간에 발전할 방법을 고민해라

성공에 필수 코스는 도전이다. 성공한 사람 중에 도전하지 않은 사람은 없다. 가만히 있으면 절대 성공을 맛볼 수 없기 때문이다. 직접 움직이고 발전해야 성공이라는 달콤한 결과를 맛볼 수 있다. "넘어져 본 적 없는 사람은 위험을 감수해 본 적 없는 사람일 뿐"이라는 오프라 윈프리의 말도 있다.

도전하기에 앞서 많은 사람이 걱정부터 한다. 아직 아무 일도 일어나지도 않았는데, 일어날 것을 가정해 걱정하는 것이다. '만약 안 되면 어떡하지?', '손해 보기 싫은데……' 등 아무것도 하지 않고, 걱정을 미리 한다. 가만히 생각해보면 이해가 되지 않는다. 현실과 마주했을 때 걱정하면 되는데, 가상의 상황을 내가 만들어 놓고 걱정하고 있다.

벌어지지 않은 일로 걱정하면, 행동으로 옮기기도 전에 주저하게 되고, 두려운 마음이 생기기 마련이다. 도전하려면 용기가 필요한데, 내게 용기를 주기는커녕 스스로 걱정을 만들어 있던 용기마저 사라지게 한다. 그러니 하지도 않아도 될 걱정을 미리 하면서 두려움을 만들어낼 필요는 없다.

걱정이 많은 사람에게 "걱정할 시간에 발전할 방법부터 고민하라."고 말해주고 싶다. 사실 걱정은 해도 해도 끝이 없다. 또 걱정하면서 내가 안 되는 이유를 만들어 내기도 한다. 걱정이 되면 더 잘할 방법을 찾는다거나, 실제로 일이 벌어졌을 때를 대비한 계획을 세우면 되는데, 많은 사람이 걱정만 하고 있다. 걱정만 하면서 가만히 앉아 있으면, 심리적으로 점점 불안해진다. 그런데 제자리에서 끙끙 앓는다고 해결되고 나아질까? 절대 아니다.

걱정할 시간에 현실적인 방법을 고민해야 한다. 걱정하는 도중에도 시간은 계속 흐르고, 아까운 시간이 낭비되고 있다. 그리고 나를 더 불안하게 만들 뿐이다. 걱정이 된다면, 걱정되는 부분을 바탕으로 철저하게 대비하면 되는데, 걱정만 하고 아무것도 하지 않으면 벌어질 사태를 알면서도 당하는 결과를 낳는다. 현실적인 방법을 찾아 해결하는 게 우선이다. 만일 방법을 모르면 물어보면 된다. 현재 나의 걱정거리를 주변에서 겪었을 수도 있다. 주변 사람들이 해결책을 모르면, 인터넷을 통해 다른 사람에게 물어보는 것도 좋은 방법이다.

가장 중요한 건 방법을 알았다면 내가 해결해야 한다는 사실이다. 내가 해결하지 않고 남이 도와주면 당장은 해결되는 것처럼 보여도 해결되는 게 아니다. 제대로 해결하려면, 남에게 의존하는 걸 줄여야 한다. 내가 해결하는 능력이 없으면, 걱정은 사라지지 않고 문제가 해결될 리 없다. 남에게 의존해서 계속 도움을 받으면, 결국 내 인생의 문제를 해결하는 능력은 영원히 생기지 않는다. 혹시라도 도움 받지 못하는 상황이 되면, 스스로 해결하지 못해 그대로 실패만 하면서 더 힘들게 된다.

"걱정하는 일의 대부분은 일어나지 않는다."는 장성규 아나운서의 말도 있다. 100% 무조건 맞는 말이라고 할 순 없지만, 생각해보면 꽤 맞는 말이다. 애초에 걱정하지 않는 게 우선이고, 걱정된다면 방법을 찾아 현실적으로 헤쳐 나가는 것이 내 인생에 훨씬 도움 된다.

걱정하는 것이 무조건 나쁜 건 아니다. 그만큼 내 인생에 진심이라는 뜻이기도 하다. 그러니 내 인생을 위해 더 나은 방법을 찾자. 내가 헤쳐 나가지 않으면 늘 제자리에서 당하기만 한다. 개인적으로 개그맨 박명수를 좋아하는데, 재밌으면서 현실적인 말을 많이 해서다. 박명수는 평소 귀찮아하는 것 같으면서도 할 일은 다 한다. 힘들지만 해야 하는 일을 할 때마다 "뭐가 무서워. 그냥 하는 거지. 인생에 어려운 일이 이것만 있겠어? 포기하면 솔직히 편해. 그런데 포기하면 미래도 없어."라며 포기하지 않고 해 왔다. 또 박명수는 스스로 걱정하고 자책하는 사람들에게 "인생에 있어서 스스로를 망치는 습관은 '나 때문에'라고 자책하는 거야."라며, 현실적인 조언도 한다.

실패했다고 기회가 사라지는 건 아니다. 다시 도전할 기회와 희망은 포기하지 않으면 사라지지 않는다. 도전과 실패, 그리고 성공은 우리의 의지에 달렸다. 포기하지만 않으면 기회는 얼마든지 생긴다. 그러니 걱정하지 말고 어떻게 성공할 수 있을지, 어떻게 하면 잘할 수 있을지 방법부터 생각하자.

2022 베이징 올림픽 금메달리스트 쇼트트랙 국가대표 황대헌은 편파 판정으로 어이없게 실격한 뒤, 농구 황제 마이클 조던의 명언을 SNS에 올렸다.

"장애물을 만났다고 반드시 멈춰야 하는 것은 아니다. 벽에 부딪힌다면 돌아서서 포기하지 말라. 어떻게 벽에 오를지, 벽을 뚫고 나아갈 수 있을지, 또는 돌아갈 방법은 없는지 생각하라."

편파 판정을 이겨내 금메달을 획득한 황대헌처럼 걱정보다는, 어떻게 해결할 것인가를 먼저 생각해 문제를 해결하자.

9

한번에 성공할 거란 생각은 버려라

일이 벌어지기도 전에 걱정부터 하는 사람들이 걱정하는 이유는 '실패' 때문이다. 실패해서 자신이 감당해야 할 리스크 때문에 걱정한다. 그런데 잘 생각해보면 실패 없이 전부 다 성공하는 건 불가능한 일이다. 그 어떤 사람도 실패를 겪지 않고, 성공만 할 수는 없다.

농구 황제로 불리며 농구에서만큼은 신으로 평가받는 마이클 조던도 "선수 생활을 하면서 9,000개 이상의 슛을 실패했다. 거의 300경기에서 패했다. 경기를 뒤집을 수 있는 슛 기회에서 26번이나 실패했다. 살아오면서 계속 실패를 거듭해왔다. 그것이 내가 성공한 이유"라며 수많은 실패를 고백했다.

실패는 꼭 필요하다고 생각한다. 실패를 통해 배우는 경험이 인생을 살아가는 데, 중요한 역할을 하기 때문이다. 실패를 한번도 겪어보지 않은 사람은 위기에 닥쳤을 때, 대처하지 못한다. 스스로 헤쳐 나가는 능력을 키우지 못했기 때문이다. 어릴 때부터 부모님이 모든 걸 다 해주면, 자식이 스스로 해결할 능력이 없는 것과 같다. 실패를 통해 경험을 쌓아야 대처 능력도 생긴다. 만일 자기 자신에게 능력이 없으면 무너지게 돼 있다.

실패를 거듭한 끝에 성공한 일론 머스크의 인생을 들여다보자. 1995년 일론 머스크는 아버지에게 2만 8천 달러를 지원받아, 동생과 함께 Zip2라는 인터넷 스타트업 회사를 차리며 처음으로 사업을 시작했다. 일론 머스크는 현재 우리가 널리 사용하고 있는 구글 맵, 카카오 맵 형태의 사이트를 개발했다. 자금이 넉넉하지 않아 고생했지만, 계속된 노력으로 매출이 조금씩 올라갔다. 〈뉴욕 타임스〉, 〈시카고 트리뷴〉 같은 메이저 언론사와 계약하기도 했다. 회사가 커진 1999년에는 Zip2를 알타비스타에 3억 7천만 달러에 매각했다. 이로써 일론 머스크는 2천 2백만 달러를 벌어들였는데, 당시 일론 머스크의 나이는 28살이었다.

이때만 해도 일론 머스크는 실패라는 걸 몰랐다. 돈이 생기자 새로운 사업을 구상하던 일론 머스크는 페이팔의 전신인 X.com

을 에드 호, 해리스 프릭커, 크리스토퍼 페인과 함께 설립했다. 1,200만 달러라는 거금을 투자해 최대 주주가 됐다. 승승장구할 것 같았던 일론 머스크는 해리스 프릭커가 자신에게 CEO 자리를 주지 않는다며, 핵심 인력들을 데리고 회사를 떠나 위기에 처했다. 개발자를 다시 뽑고, 부족한 자금을 마련해야 하는 숙제도 떠안았다.

우여곡절 끝에 일론 머스크는 X.com의 서비스를 시작했지만, 이번에는 경쟁사인 컨피니티가 생겨났다. 두 회사는 같은 건물에서 치열하게 경쟁하다가 X.com으로 합병했다. 문제는 일론 머스크가 신혼여행을 떠난 사이 벌어졌다. 컨피니티의 창업자 피터 틸과 맥스 레브친이 이사회를 긴급 소집해 일론 머스크를 해임한 것이다. 새 CEO는 피터 틸이 됐고, 일론 머스크가 손 쓸 방법이 없었다. 최대 주주 자리 유지에 만족해야 했다.

CEO에서 물러난 뒤 일론 머스크는 극심한 스트레스에 시달려, 머리를 식히기 위해 미뤄둔 신혼여행을 다시 떠났다. 이때 말라리아에 걸려 6개월간 몸무게가 20kg이나 빠질 정도로 아팠다. 특이하게도 일론 머스크는 '휴가를 가면 죽을 수도 있다.'는 교훈을 얻었다고 한다. 그 후 휴가를 가지 않고 일에만 몰두하던 일론 머스크는 페이팔로 이름이 바뀐 X.com을 이베이에 15억 달러로 매각하면서 2억 5천만 달러를 손에 쥐게 됐다.

큰돈을 만진 일론 머스크는 2002년, 스페이스X를 설립했다. 그리고 테슬라에 650만 달러를 투자해, 최대 주주이자 이사회 의장이 됐다. 이때부터 일론 머스크는 큰 위기를 맞이했다. 스페이스X에서 만든 로켓 팰컨 1호는 세 번의 발사가 모두 실패하면서 천문학적인 돈을 날렸다. 테슬라에서는 최고급 스포츠카 컨셉으로 2006년에 '테슬라 로드스터'라는 제품을 만들었는데, 예상보다 많은 개발 비용이 들어가면서 판매가보다 원가가 높아지는 일이 일어났다. 이 일로 일론 머스크는 테슬라의 공동 창업자 마틴 에버하드를 해고했다. 또 다른 공동 창업자인 마크 타페닝도 테슬라를 떠났다. 투자자들도 등을 돌리며 재정적으로 위기를 맞았으며, 글로벌 금융위기까지 겹쳤다. 일론 머스크가 4,000만 달러를 테슬라에 쏟아 부었지만, 재정 상황은 나아지지 않았다.

이런 위기 가운데서도 일론 머스크는 포기하지 않았고, 네 번째 도전인 2008년 팰컨 1호 발사에 성공했다. 이로써 나사와 16억 달러 규모의 계약을 맺고, 이 자금으로 테슬라에 닥친 위기도 넘겼다. 그런데도 문제는 끝나지 않았다. 모델 S를 개발했는데, 매출이 좀처럼 늘지 않았다. 계속된 판매 부진에 재정난을 겪은 테슬라는 파산 직전까지 몰렸다. 일론 머스크는 구글에 회사를 팔아야겠다는 마음까지 먹었다. 신기하게도 인수되기 직전 모델 S가 입소문을 타면서, 판매량이 급상승하기 시작했다. 대박이 난 테슬라는 흑자로 돌아설 수 있었다. 이후 모델 X, 모델 3, 모델 Y 등도 연이어 성공했다. 현재도 테슬라는 전기차 시장을 주도하고 있다.

여러 차례 위기를 겪으면서도 일론 머스크는 실패를 극복해 왔다. 운도 따랐지만 가장 중요한 건 일론 머스크가 계속해서 도전했다는 것이다. 실패는 누구나 겪는 일이다. 아무리 대단한 사람도 실패를 겪지 않고 한번에 성공하지는 못한다.

철학자 토머스 칼라일은 "길을 걷다가 돌이 나타나면 약자는 그것을 걸림돌이라고 말하고, 강자는 그것을 디딤돌이라고 말한다."고 했다. 모두가 겪는 실패에 당신은 좌절하지 말고, 디딤돌로 받아들이고 더 높이, 더 멀리 갈 수 있는 마음가짐으로 살기를 바란다.

10

인내심의 바탕인 체력을 키워라

성공의 바탕에 필요한 것이 끈기, 인내심이다. 성공하려면 냄비 근성처럼 잠깐 끓어올랐다가 금방 식는 게 아니라, 지속해서 뜨거운 열정을 유지할 수 있어야 한다. 페이스북을 만든 메타의 CEO 마크 저커버그도 "뜨거운 열정보다 중요한 것은 지속적인 열정"이라며, 성공에 꾸준함이 중요하다고 전했다.

우리나라에서는 보통 이런 끈기를 '정신력'이라는 말로 강요한다. 또 쉽게 포기하는 사람에게 정신력이 부족하다고 지적한다. 특히 운동선수들에게 정신력을 강조한다. 정신력을 대신하는 표현으로 '헝그리 정신'이라는 말도 나왔다. 배고픈 시절에도 정신력 하나로 모든 열악한 상황을 극복할 수 있었다는 것이다. 이는 정말 박수받고, 존경받을 일이다. 하지만 열악한 상황을 극복하지 못했다고 해서 '정신력 부족'이라고 탓할 수는 없는 일이다. 객관적으로 왜 쉽게 포기하는지, 문제점이 무엇인지 파악해서 개선해야 한다. 무조건 정신력, 헝그리 정신만 강요하는 시대는 지났다. 그런데 정신력이라고 할 수 있는 끈기를 키우려면, 체력이 뒷받침되어야 한다. 체력이 있어야 몸이 덜 힘들고, 그만두고 싶은 생각을 쉽게 하지 않는다. 체력이 부족해 지치면, 누구든지 포기하고 싶은 생각이 간절해진다.

직장 생활을 담은 드라마 〈미생〉에서 체력의 중요성을 언급하는 대사가 나온다.

"네가 이루고 싶은 게 있다면 체력을 먼저 길러라. 네가 종종 후반에 무너지는 이유, 데미지를 입은 후에 회복이 더딘 이유, 실수한 후 복구가 더딘 이유는 다 체력의 한계 때문이다. 체력이 약하면 빨리 편안함을 찾게 되고, 그러면 인내심이 떨어지고, 그리고 그 피로감을 견디지 못하면, 승부 따위는 상관없는 지경에 이르지. 이기고 싶다면 네 고민을 충분히 견뎌줄 몸을 먼저 만들어. 정신력은 체력의 보호 없이는 구호밖에 안 돼."

드라마 대사지만 현실을 잘 반영했다. 현실에서도 체력이 강한 사람이 꾸준히 도전하고, 힘든 일을 잘 견뎌낸다. 예능 프로그램에서 우스갯소리로 PD를 명문대 출신으로 뽑는 이유에 대해 "학교 다닐 때 공부하면서 밤을 많이 샌 경험이 있기 때문"이라고 말하는 것도, 기본적으로 체력과 인내심이 뒷받침 된다고 믿어서다. 체력이 떨어지면 어떤 일도 견딜 수 없다.

공부의 신으로 불리는 『공부는 내게 희망의 끈이었다』의 저자 구본석 변호사는 강연에서 끈기와 정신력을 지키려면 체력이 필요하다고 말한다. "체력이 높아지면 의지력도 높아지고, 의지력이 떨어지는 속도도 줄어든다. 체력을 기르면 정신력, 의지력, 자제력이 알아서 좋아진다고 생각했다. 체력에 관심이 커지면서 여러 가지를 나열하고 그룹화해보니 생활 습관, 운동, 영양 상태로 분류할 수 있었다. 이 세 가지가 체력에 어느 정도의 영향이 미치는지 따져보니, 규칙적인 생활 습관이 50%, 영양 상태가 30%, 운동이 20% 차지했다."며 자신의 경험담을 소개했다.

또한 『마녀체력』의 저자 이영미 작가의 사례로도 체력의 중요성을 알 수 있다. 이영미 작가는 153cm, 48kg의 왜소한 체격의 소유자인데, 40대가 되자 조금만 움직여도 피곤해 자주 잠을 자야 했다고 한다. 일상생활조차도 너무 힘들어 '내 인생 글렀다. 다음 생이나 잘살아보자.'는 생각을 하고, 멀쩡히 다니던 회사도 퇴사했다고 한다. 10년이 흘러 50대가 된 지금은 40대 때보다 더 젊고 건강하게 살고 있다. 비결은 운동이었다. 운동을 꾸준히 하면서 사이클을 타고 부산에서 서울까지 국토 종주를 하고, 마라톤 완주를 할 정도로 체력이 좋아졌다고.

이영미 작가는 "정답은 나와 있다. 천천히, 조금씩, 꾸준히 운동한 결과다. 서울에서 춘천까지 점심 먹으러 사이클 타고 달려갈 수도 있고, 가끔 새벽에 한강에 가서 수영할 때도 있다. 마라톤 풀코스를 10번 완주했고, 철인 3종 선수가 됐다."며 운동을 통한 체력 증진의 중요성을 전한다.

핵심은 체력을 키우기 위해 무작정 운동하면 안 된다는 것이다. 체력은 단기간에 갑자기 늘어나기 힘들다. 단기간에 늘리기 위해 무리하게 운동하면, 오히려 건강을 더 망칠 수 있다. 자기 몸 상태부터 체크하고, 조금씩 운동량을 늘려가야 한다. 초보자들은 걷는 것으로 시작하다가 몸이 적응하면, 그다음에는 가볍게 뛰면 된다.

운동을 한다면 먹는 것도 잘 먹어야 한다. 운동에 있어서 둘째가라면 서러울 가수 김종국은 "먹는 것까지가 운동"이라고 한다. 과식하라는 게 아니다. 고칼로리의 맛있는 음식만 골라 먹으라는 것도 아니다. 영양분이 골고루 구성된 건강식으로 밸런스를 맞춰야 한다. 운동은 가볍게 했는데 고칼로리 음식을 과하게 먹는다면 살찌는 건 당연하다. 뭐든지 과한 건 좋지 않다.

　이렇게 조금씩 노력하며 꾸준히 체력을 늘리면, 끈기, 정신력, 인내심도 늘어나 성공을 향해 더 열심히 달릴 수 있다. 그동안 끈기 없는 삶을 살아온 사람들은 내 인생을 돌아보자. 내 체력이 부족해 쉽게 포기할 생각이 들지는 않았는지.

11

비교하지 말고 나의 길을 가라

우리나라 사람이 굉장히 좋아하는 콘텐츠 중 하나는 A:B 즉, 사람을 두고 누가 더 낫나 평가하는 것이다. 가령, 연예인의 연애 소식에 잘 어울린다거나, 누가 더 아깝다거나 왈가왈부한다.

일상생활에서도 비교가 생활화되어 있다. 어렸을 때부터 "엄마 친구 아들딸은 1등 했다는데 넌 뭘 했니?"라면서 수없이 비교당한다. 오죽하면 한때 '엄친아', '엄친딸'이라는 말이 유행했을까. 안 그런 가정도 있지만, 꽤 많은 사람이 이렇게 어렸을 때부터 부모님으로부터 비교당하면서 자란다.

비교하는 태도는 장·단점이 분명하다. 대체로 장점보다는 단점이 많다. 소위 말해 잘나가는 사람과 비교당하면 자존심도 상하고, 자존감도 뚝 떨어진다. 나는 나만의 인생이 있는데, 괜히 내가 못나 보이고, 내가 사는 방식이 잘못됐다는 생각이 들기도 한다. 집이 잘사는 친구를 보면 우리 집이 가난하게 느껴져 부모님이 원망스럽기도 하다. 멀쩡히 잘살고 있는 사람도 나보다 훨씬 잘난 사람과 비교당하면, 이상하게도 한없이 위축된다.

장점도 있긴 하다. 비교 대상에게 자극받아서 각성하는 경우다. 나는 의도적으로 잘하는 사람과 나를 비교할 때가 있다. 더 자극받기 위해서다. 나를 스스로 남과 비교한 뒤 '저 사람도 했는데 나라고 왜 못 해?'라는 생각을 한다. 그렇게 자극받으면 더 열심히 하게 되고, 피곤하고 졸린 상황에서도 조금이라도 더 노력하게 된다. 선천적으로 나는 부지런한 스타일이 아니라서, 매번 자극이 필요해 이런 방법을 선택한다. 이로써 비교는 내가 더 열심히 노력할 수 있는 계기가 되기도 한다.

나와 같은 스타일이 아니라면, 비교하는 걸 추천하지 않는다. 주변 지인들에게 나의 방법을 추천했었는데, 오히려 자존감이 떨어져서 역효과가 난 사례가 많다. 자극받으라고 했더니 의기소침해지고, 자존감이 너무 떨어진다고 해서 함부로 추천하지 않고 있다. 사람마다 스타일이 다르니, 자극을 주는 것도 그 사람에게 맞는 방법으로 해야 효과가 있다.

인지심리학자 김경일 교수는 비교하는 사람들의 단점에 대해 "비교하는 사람들은 자신만의 절대 기준이 없다는 게 문제예요. 자기 기준이 없으니까 자꾸 타인의 모습과 자기 모습을 비교하는 거예요. 자기만의 기준이 있는 사람이 행복하게 살아요. 이런 분들은 '차는 여기까지가 딱 좋아. 월급은 이 정도면 만족스럽지.'라고 말하면서 누구와 비교하지 않아요. 기준이 없는 사람들은 '내가 앞으로 무엇을 이루겠다.'는 게 아니라, 내가 가고 싶은 길을 내 기준이 아닌 남의 기준으로 계속해서 판단한다는 겁니다. 목표가 명확하지 않기 때문에 행복하지 않은 사람이 많습니다."라고 한다. 또 계속된 비교는 내가 진정으로 좋아하는 것을 잃어버릴 수도 있다고 한다. 여기에 덧붙여 김경일 교수는 "계속해서 비교하면 내가 원하는 것, 내가 좋아하는 걸 찾을 수 없습니다. 내가 원하는 것은 내가 좋아하는 것이 기준이 돼야 합니다. 그런데 자꾸만 다른 사람과 비교하면, 다른 사람들이 가진 것을 내가 가지지 못했을 때, 괴리감이 듭니다. 결국 내가 원하는 것도 가져야 하고, 남이 가진 것도 가져야 하므로 돈이든 시간이든 두 배의 에너지를 써야 합니다. 남과 같은 상황에서는 절반만 행복하게 되겠죠."라며 비교의 단점을 꼬집었다.

사람마다 사는 환경이 다르다. 잘 사는 집이 있으면, 상대적으로 못 사는 집도 있다. 현실을 받아들이고, 내가 할 수 있는 것에 최선을 다하면 된다. 남과의 비교는 때로는 자극을 주기도 하지만, 나를 비참하게 만들기도 하고, 나의 색깔을 없애버리기도 한다. 끊임없는 남과의 비교는 그만 멈추고 나만의 방식, 나만의 색깔로 인생을 살아가자.

"여러분의 시간은 한정되어 있습니다. 그러니 남의 인생을 사느라 시간을 낭비하지 마세요."라는 故 스티브 잡스의 말처럼 비교로 남의 인생을 살면서 시간 낭비하지 말고, 온전히 내가 원하는, 내 스타일의 인생을 사는 내가 되자.

끝날 때까지 끝난 게 아니다

PART 4.

내 인생을 위한 현실적인 선택

지금까지 우리가 흔히 접할 수 있는 인간관계와 성공한 사람들의 사례를 정리해 전달했다. 그런데 '이건 나와는 상관 없는 일이야.'라고 생각하는 사람이 분명히 있을 것이다.

그런 사람들을 위해 이번 파트를 준비했다. 현실적인 부분도 반드시 생각해야 하기 때문이다. 현실적인 문제 때문에 도전하고 싶어도 하지 못하는 사람도 존재한다. 정말 피나는 노력을 해서 큰 성공을 거둔다면 좋겠지만, 그렇지 않더라도 인생은 계속 살아가야 한다. 막연하게 "성공한 사람들이 말하는 성공 비결이니 무조건 따라 하세요."라는 말만 되풀이하는 것보다는, 스스로 인생을 돌아보게 하고 현실적으로 삶에 적용할 수 있는 방법을 알려주는 게 더 공감되리라 생각한다.

그래서 마지막으로 우리가 다짐하고, 구체적으로 실천할 수 있는 내용을 담았다. 엄청난 성공을 위한 도전이 아닌, 소소한 것이라도 조금씩 이룰 수 있는 내용들이다. 부디 도전에 대한 부담을 내려놓고, 작게라도 실천할 수 있는 방법을 통해, 좀 더 삶의 질을 개선하고 앞으로 나아가길 소망한다.

1
지난 과거에 미련두지 말자

살다보면 돌아가고 싶은 전성기가 있다. 행복했던 때의 기억은 우리 가슴속에 깊이 자리 잡고 있어, 그리움의 감정을 만들어낸다. 그래서 콘텐츠 중에 가장 인기를 끄는 것도 소위 말하는 '추억팔이'다. 그때 그 시절을 추억할 수 있고, 행복했던 때를 떠올릴 수 있어서다. '그때가 좋았지.'라며 웃기도 하고, 과거의 감정을 떠올리며 현재 느낄 수 없는 행복을 대신 느끼기도 한다. 그런데 성공을 위해 과거를 되짚어보는 것도 중요하지만, 극단적으로 말하면 쓸데없는 일이기도 하다. 현재가 초라한데 화려했던 과거에만 머물러 있으면 발전이 없기 때문이다.

실패를 겪고 초라하게 사는 사람들은 "내가 왕년에 말이야."

라며 과거를 계속 들먹인다. 하지만 과거는 이미 지나간 것이다. 지나간 것은 후회해도 어쩔 수 없다. 시간을 돌이킬 수 있는 사람은 전 세계에 아무도 없다. 제아무리 과학자들이 타임머신을 개발하고 있고, 이론상으로 과거 또는 미래로 이동할 수 있다고는 하지만, 현실적으로 과거로 돌아가는 것은 희망을 버리고 사는 게 낫다. 그보다 과거를 돌아보며 내가 잘 됐을 때와 못 했을 때의 이유를 찾는 등 현재 내가 할 수 있는 일을 하는 게 올바른 자세다.

외식사업가로 큰 성공을 거둔 더본코리아 백종원 대표는 〈백종원의 골목식당〉 프로그램을 진행하면서, 자영업자들에게 쓴소리를 많이 했다. 희망을 주며 응원하기도 하고, 때론 현실적으로 뼈 때리는 말을 많이 했다. 그중 과거에서 못 벗어나서 현재를 힘들게 사는 사람들에게 했던 말이 있다.

"왕년에 뭘 했든, 큰돈을 만졌든, 어떤 물에서 놀았든 그건 아무것도 아니야. 지금의 본인이 아니란 말이야. 내가 논현동에서 장사할 때 장사 안되는 식당 사장님들이 모여 앉아서 담배 피우면서 하는 소리가 '내가 왕년에'였어. 그 왕년에를 20년, 30년 동안 해. 그런 가게는 절대 안 돼. 왕년의 일은 잊어버려야 하는 거야. 지난 옛날이고, 나와 상관도 없고, 나의 지금이 중요한 거야."

정말 현실적인 말이다. 화려했던 과거가 좋아도, 돌아갈 수 없다. 그러니 건드릴 수 없는 과거를 붙잡으려는 건 어리석은 일이다. 과거의 나를 돌아보고 내가 무엇 때문에 실패했는지, 어떻게 했을 때 잘됐는지 파악하는 게 중요하다. 과거의 나를 돌아보면 나의 현재가 보이고, 현재에 충실히 하면 내 미래가 달라진다.

나도 과거에 미련을 가진 적이 많았다. '그때 그렇게 했더라면.'이라는 생각을 많이 했다. 그런 생각을 하면 할수록 남는 건 아무것도 없고, 아까운 시간만 흘려보냈다. 과거를 추억해도 현실은 그대로였다. 그래서 일할 때나 생활하면서 뭔가 잃었을 때는 빨리 잊는 편이다. 어차피 지나간 건 다시 되돌릴 수 없으므로 얼른 잊고, 앞으로 할 일에 집중하는 게 더 도움 된다. 나는 크게 손해를 봐도 그냥 넘겨, 주변 사람들로부터 "미쳤다."는 소리를 듣기도 한다. 회사에서도 후배가 실수하면, 반복되지 않기 위한 지적만 간단히 하고, 그다음엔 조용히 넘겨버린다. 열 받는다고 화내봤자 달라지는 것도 없고, 서로 기분만 상한다는 걸 알기 때문이다.

칼 바드는 "비록 아무도 과거로 돌아가 새 출발을 할 순 없지만, 누구나 지금 시작해 새로운 엔딩을 만들 수 있다."는 말을 남겼다. 손댈 수 없는 과거는 빨리 미련 없이 보내주고, 손댈 수 있는 현재에 충실하면서 미래를 바꿔보자. 현재와 미래는 내 노력에 따라 얼마든지 바뀔 수 있다.

2

꿈을 위해서라면 누구에게든 배우자

꿈을 가진 사람은 많다. 누구나 한번쯤은 어떤 사람이 되고 싶다는 상상을 하곤 한다. 그런데 상상만 할 뿐 꿈을 이루기 위한 진지한 고민은 하지 않는다. "뭘 해야 할지 몰라서."라는 것도 꿈에 대해 알아보지 않기 때문이다. 정말 절실하게 이루고 싶은 꿈이 있다면, 곰곰이 생각해볼 필요가 있다. '꿈을 이루기 위해 필요한 건 무엇일까?'라는 고민은 단순해 보여도 굉장히 중요하다.

KBS Joy에 방영 중인 〈무엇이든 물어보살〉에 연기자가 꿈인 사람이 출연한 적 있다. 그 사람은 10년째 무명 배우로 활동하고 있어, 어머니가 아들이 연기를 그만뒀으면 좋겠다는 고민으로 함께 출연했다. 그 사람이 노력을 안 했던 건 아니었다. 차비를 아끼려고 매일 10km를 걸어 다니며 오디션을 봤다. 인맥이 없어도 어떻게든 해내려고 했다. 그러나 이런 노력은 결실로 드러나지 못했다. 영화나 드라마에 캐스팅되는 곳이 없었고, 몇 번의 작은 연극 무대에 올라본 것이 전부였다.

서장훈은 이런 그에게 "경제적인 문제 때문이지만, 차비 아끼려고 10km씩 걸어 다니는 게 연기 인생에 도움이 되겠어?"라고 물었다. 또 "4시간을 걸어 다닌 건, 노력이 아니야. 너 마라톤 선수야? 네가 왜 10km를 걸어 다녀? 그 시간 아껴서 영화 두 편을 더 봐."라는 현실적인 조언도 덧붙였다.

그 사람은 서장훈과 이수근 앞에서 연기도 보여줬다. 현장에서 연기하면서 대사를 완벽하게 소화하지 못했고, 발음이 정확하지 않아 무슨 말을 하는지 제대로 들리지 않았다. 그는 긴장 때문이라고 했지만, 서장훈과 이수근을 설득할 순 없었다. 이에 서장훈은 "너 표준어 구사 못하지? 연기한 지 10년이 넘었는데, 아직도 표준어로 연기가 안 된다는 건 문제 있는 거야."라고 지적했다. 그랬더니 사연자는 "나름대로 연습했는데 이게 표준어인지 아닌지 잘 몰라서……."라며 말끝을 흐렸다. 이런 그의 모습을 보고 서장훈은 "지금까지 연기 레슨받은 적 있니?"라고 되물었다. 되돌아온 답변은 "다니고 싶은데, 돈이 없어서……."였다.

이 사람은 꿈에 제대로 도전한 게 아니다. 돈이 없어서 10km를 걸어서 오디션을 보러 다니고, 돈이 없어서 연기 레슨을 받아본 적도 없이 10년을 흘려보냈다. 심지어 어머니가 차비를 줬다고 한다. 그 차비는 다른 데 쓰고, 걸어 다니면서 시간을 낭비해 왔다. 차라리 그 시간에 일하면서 연기 학원에 다닐 돈을 모아 제대로 된 연기 레슨을 받았다면 어땠을까? 그랬다면 자기가 연기할 재능을 가졌는지, 연습해도 안 될 재능인지 판단할 수 있었을 것이다.

본인이 판단할 수 없다면 냉정하게 얘기해줄 수 있는 사람들에게 물어보는 것도 좋다. 과거와 달리, 요즘은 온라인에서도 무엇이든 배울 수 있는 클래스가 많다. 단순히 일방적인 교육을 받는 게 아니라, 궁금한 것을 물어보고 피드백 받을 수도 있다. 어떻게 해야 할지 모른다고 가만히 있지 말고, 누구에게든 물어볼 방법을 생각해보고 찾아야 한다.

드라마 〈스토브리그〉에서 배우 남궁민이 연기한 백승수 단장의 대사가 이 상황에 딱 맞는다. 백승수 단장은 타 종목의 단장 경험만 있었기에, 야구에 대해 몰랐다. 그런 그는 야구단장이 된 후에는 회식 자리에도 야구 책을 가지고 다닐 정도로 열정적이었다. 이런 백승수 단장에게 한 직원이 "단장님, 회식 때 야구 관련 책 읽는 거 봤어요. 원래 그렇게 남 시선을 의식 안 하세요? 사람들이 야구를 책으로 배운다고 막 비웃더라고요."라고 말한다. 그러자 백 단장은 "남들이 비웃는 게 무서워서 책으로도 안 배우면 누가 저한테 알려줍니까? 그럼, 사람들이 알려줄 때까지 기다릴까요? 1년 뒤에도 야구 모르는 게 그게 진짜 창피한 거 아닙니까?"라며 반문했다.

모르면 물어보면 된다. 모르는 건 죄가 아니다. 누구한테 어떻게 물어봐야 할지 모르면 지인에게 도움을 요청하든지, 인터넷에 검색이라도 하면 된다. 물어보는 것을 창피하게 생각하는 사람도 있다. 그런 마인드면 평생 모르고 살게 된다. 내가 모르는 것을 알고 있는 사람이라면, 물어보는 게 맞다. 물어보는 게 창피한 게 아니라, 알 수 있음에도 노력도 안 해서 모르고 사는 게 더 창피한 거다. 그러니 내 꿈에 대해 진지하게 고민해보고, 필요한 부분은 배우자.

3
의미 없는 경험은 없다

많은 사람이 아르바이트를 한다. 빠르면 중·고등학생부터, 늦어도 20살이 되면 아르바이트를 시작한다. 용돈을 스스로 벌기위해, 갖고 싶은 것을 사기 위해, 계획한 것을 이루기 위해. 다양한 이유가 있지만, 대부분의 계기는 돈을 벌기 위해서다.

나도 중학생 때부터 다양한 곳에서 아르바이트를 했다. 지금돌이켜보면 돈을 버는 게 주목적이었지만, 돈보다 훨씬 많은 것을 배운 듯하다. 가장 값졌던 것은 아르바이트를 했던 분야에 대해 다른 사람에 비해 조금 더 잘 알게 됐다는 부분이다. 아르바이트를 하면, 처음엔 단순한 일로 시작해서, 경력이 쌓일수록 비중높은 일을 맡게 된다. 그 과정을 통해 정직원은 아니기에 깊숙하게는 아니더라도, 해당 분야를 어떻게 운영하는지 꽤 많이 파악하게 된다.

서비스업을 생각해보자. 서비스업이라고 하면 용모를 단정히 하고, 매일 웃으면서 수많은 고객을 상대해야 한다. 이로써 이 세상의 수많은 사람 중, 어떤 성격의 사람과 마주칠지 모른다. 친절한 고객을 만나기도 하고, 진상도 만난다. 고객에게 컴플레인을 받지 않으려면, 오랫동안 서 있는 게 힘들어도 힘든 티를 내지 않고, 늘 웃으면서 친절하게 응대해야 한다. 손님에게 모욕적인 말을 듣더라도, 똑같이 화낼 수도 없다.

나는 서비스업을 경험하기 전에 이런 고충을 전혀 몰랐다. 생각해보지 않았다는 표현이 맞겠다. 그런데 고깃집을 시작으로 마트, 호텔 등에서 일하면서 뼈저리게 느꼈다. 절대 서비스업을 직업으로 삼지 않겠다고 다짐하기도 했다. 내 잘못이 아닌데도 취객에게 계산서로 맞기도 하고, 치욕적인 상황을 당했다. 욕설, 시비 등 별의별 일을 겪으며, 굉장히 수치스러웠다. 그런데도 아르바이트생이라는 이유로 그들에게 별다른 목소리를 내지 못해 큰 스트레스였다. 그 계기로 서비스업에 종사하는 사람들을 절대 기분 나쁘게 하지 않겠다고 결심했다. 일하는 자체만으로도 힘든데, 진상을 만나면 얼마나 더 힘들까. 일하는 사람도 누군가의 가족인데, 진상에게 당한다고 하면 가족들 마음은 새까맣게 타들어 간다.

나처럼 아르바이트를 통해 서비스업을 경험했다면, 그 일을 직업으로 삼아 계속할 것인지, 아니면 나에게 더 잘 맞는 다른 업종을 찾아볼지 좀 더 쉽게 판단할 수 있다. 그래서 아르바이트는 최대한 다양하게 해보기를 추천한다. 체험하면 할수록 돈보다 가치 있는 깨달음을 얻는다고 확신한다.

아르바이트를 하면서 많은 사람도 만나게 된다. 그 사람들과 친해져 인맥이 형성되기도 하고, '돈'과 관련한 새로운 사실도 알게 된다. 사람들이 돈을 왜 벌고 싶어 하는지, 돈을 벌려면 어떻게 해야 하는지, 돈이 모이는 곳은 어떤 분야인지 등 여러 이야기를 다 듣는다.

가수 윤종신은 "꼭 미래의 꿈에 관련한 일이 아니더라도, 뭐든 해보는 게 미래를 디자인하는 일이라고 생각해요. 왜냐하면 의미 없어 보이는 일이 주는 교훈도 분명히 있더라고요."라고 말했다. 자기가 나아가고자 하는 분야를 경험하면 확실히 도움 되고, 그게 아니더라도 어떤 경험이든 인생을 살아가는 데 도움 된다는 뜻이다.

아르바이트의 목적은 돈이지만, 경험 쌓는 것도 잊지 않았으면 한다. 그렇다고 열정 페이로 부당한 대우를 받으라는 게 아니다. 돈도 벌고, 경험을 쌓아, 인생에 도움 될 밑거름을 만들라는 의미다. 단순히 돈으로만 접근했던 아르바이트도 지나고 보면 다 경험이 되고, 배움이 된다.

"어떤 경험도 저한테 남기지 않는 경험은 없었던 것 같아요. '아무것도 하지 않으면 아무 일도 일어나지 않는다.'가 해답이라고 생각해요. 뭘 해야 할지 모르겠죠? 다 해보세요."라며, 경험 쌓기를 추천한 노홍철처럼 많은 경험을 하길 바란다.

4

목표는 구체적일수록 좋다

다들 새로운 해가 시작되면 목표를 세운다. 지나간 1년을 반성하며 앞으로의 1년을 어떻게 살아갈지, 어떤 목표를 달성하고 싶은지 적고 다짐한다. 나도 매년 버킷리스트를 쓰면서 지난 해 목표를 달성하지 못한 이유를 되짚어보고, 올해 달성하고 싶은 목록을 작성한다.

곰곰이 생각해보면 목표라고 할 수 있는 버킷리스트를 그동안은 최대한 간단하게 적기만 해왔다. 예를 들면 책 쓰기, 1억 모으기, 다이어트하기 등 알아볼 수 있을 정도의 키워드로만 적었다. 그러다 보니 구체적인 실행 계획을 세우기는커녕, 한번 쓰고 잊고 사는 일이 매년 반복되어 왔다. 또 이루는 게 없으니 쓸 때마다 버킷리스트가 비슷했다.

목표를 정말 이루고 싶다면 최대한 구체적으로 자세히 적고, 반복해서 되새기는 게 중요하다. 그래야 잊지 않고, 자극받아 억지로라도 내 몸을 움직이게 된다. 혹 몸을 움직이지 않더라도 최소한 꾸준히 생각해야, 할 마음이 생긴다.

워크스마트의 창립자 그레그 S.레이드는 "꿈을 날짜와 함께 적어놓으면 그것은 목표가 되고, 목표를 잘게 나누면 계획이 되며, 그 계획을 실행에 옮기면 꿈이 실현된다."라고 말했다. 목표를 최대한 구체적으로 쓰고, 그것을 실천하도록 되새기며, 계속 생각하면서 계획을 세우고, 실행에 옮기면 꿈이 실현될 수 있다는 뜻이다.

계획한다고 다 꿈을 이룰 수 있는 건 아니지만, 구체적으로 써놔야 잊지 않고, 꿈을 위해 노력할 수 있다. 잊지 않고 조금씩이라도 노력하는 것에서 꿈을 이루느냐, 이루지 못하느냐가 결정된다. 특히 게으른 사람은 목표를 구체적으로 적어서, 데드라인까지 정하는 걸 추천한다. 데드라인이 있어야, 압박을 받아 몸을 움직이기 때문이다. 예를 들면 '오늘 몇 시까지 팔굽혀 펴기 50개 하기'라고 적어두면, 시간을 계속 체크하게 되고, 결국엔 하게 될 가능성이 커진다. 만약 세운 목표를 실천하지 않는다면, 찝찝한 기분이 들 것이다.

하루하루 목표한 걸 해낼 때마다 체크하는 것도 추천한다. 아침 6시에 일어나기로 마음먹었다면, 그 시간에 일어나는 걸 성공했을 때, 달력에 표시하는 것이다. 성공할 때마다 달력의 표시가 늘어나다 보면, 달력에 체크하기 위해 일찍 일어나기도 한다. 만약 늦게 일어나고 싶은 마음이 들 때 달력을 본다면, 지금까지 체크한 게 아까워서라도 일어날 것이다.

처음은 거창한 게 아니라 사소한 것으로 시작하는 걸 추천한다. 그렇게 하나하나씩 목표를 늘려나가면 된다. 지금까지 목표를 이루는 데 익숙하지 않은 사람이라면, 작은 것이라도 목표를 이루면서 성취감을 느껴봐야 한다. 그래야 장기적으로 할 수 있는 힘도 생긴다. 성취하는 맛을 알아 가면 점점 더 큰 목표를 해내면서, 목표를 향해 열심히 달리는 자신을 볼 수 있을 것이다.

카카오의 김범수 의장은 흙수저 출신으로 PC방 사장이었던 시절이 있었고, 더본코리아의 백종원 대표도 작은 치킨집 하나만 운영하던 시절이 있었다. 이렇듯 작게 시작해 크게 성공한 사례가 있으니, 당신도 그 사례의 주인공이 되지 말라는 법도 없다.

시작을 작게 해도 된다는 것은, 리스크를 줄이기 위함이다. 여기서 리스크는 포기할 가능성이다. 많은 사람이 목표라고 하면, 처음부터 큰 것을 생각해, 거창한 목표를 세우려고 한다. 너무 목표가 크면 금방 지친다. 누구든지 처음은 어렵기 마련이다. 첫 시도에서 큰 목표를 시도해 좌절하면, 그다음엔 도전이 두려울 수 있다. 작은 것부터 시작해 성공의 맛을 보고, 조금씩 도전의 크기를 키우면, 나중에는 정말 큰 성공을 거둘 수 있다.

교회를 다니지는 않지만 성경 구절에 이런 말이 있다. '시작은 미약했으나 그 끝은 창대하리라.' 당신의 시작은 미약할 수 있다. 그러나 끝까지 미약한 건 아니다. 작은 것부터 시작해 점점 키워나가다 보면, 원하던 바를 달성할 수 있다. 시도하는 과정에서 성장하고, 어느덧 꿈을 이룰 수 있는 능력을 갖추게 된다. 그게 무엇이든 할 수 있다. 그동안 하지 않았을 뿐이다.

5
돈이 몰리는 곳으로 가라

삼성전자를 이끌었던 故 이건희 회장은 "부자 옆에 줄을 서라. 산삼밭에 가야 산삼을 캘 수 있다."고 했다. 이 말에는 돈이 있는 곳에 가야 돈을 벌 수 있다는 의미가 담겨있다.

돈을 벌 수 있는 분야는 매우 많은데, 돈이 몰리는 분야는 따로 있다. 실제로 돈을 만져서 돈을 버는 금융 쪽이나, 방송계 등은 돈이 몰리는 곳이다. 사람들의 관심이 쏠리는 곳이기에, 자연스럽게 돈이 몰린다. "연예인 걱정은 하는 게 아니다."라는 말이 괜히 나온 게 아니다. 힘든 연예인도 분명히 있지만, 일반인은 상상도 못 하는 금액을 버는 연예인이 엄청나다.

어느 업계든지 상위 1%가 그 분야의 돈을 대부분 가져간다. 자유경쟁 사회라 생기는 현상이다. 그러나 상위 1%도 돈이 되는 분야여야 돈을 많이 가져간다.

운동선수로 비교하자면, 야구처럼 팬과 돈이 많이 몰리는 종목은 스타 선수의 연봉이 수입 억 원이다. 장기 계약 총액이 100억 원 넘는 선수도 있다. 농구의 경우도 팀당 샐러리캡이 정해져 있는데, 2021-2022시즌 최고 연봉 선수는 송교창으로, 인센티브를 합쳐 총액 7억 5천만 원이다. 대기업이 팀을 꾸리고 있어, 시장의 차이가 연봉의 차이를 만들어내고 있다.

반대로 돈이 모이지 않는 곳도 있다. 시장이 아주 작은 곳이다. 똑같은 운동선수라도 비인기 종목에는 돈이 몰리지 않는다. 올림픽 종목 중 비인기 종목을 보면 국가대표인데도 지원을 받지 못해 사비를 투자해 훈련하고, 유니폼도 지급받지 못하는 선수도 있다. 또 하나의 예로, 우리나라 격투기도 돈이 몰리지 않는 종목 중 하나다. 내가 종사하는 업종이지만, 선수들이 돈을 버는 게 쉽지 않은 업계다. 현장에서 일하면서 직접 보고 들으며, 안타까울 때가 많다. 지금부터 격투기 시장의 현실에 대해 이야기 해볼까 한다.

격투기 프로선수로 데뷔하기 위해서는 아마추어 무대에서 실력을 쌓아야 한다. 아마추어 선수이기 때문에, 당연히 파이트머니가 없다. 대회에 돈을 내고 출전해야 한다. '그럼, 대회를 주최하는 대회사만 돈 버는 거 아니야?'라고 생각할 수 있다. 대회사도 딱히 돈을 벌지 못한다. 아마추어 대회를 하더라도 심판을 비롯한 운영진이 필요해 인건비를 지출해야 하고, 장소도 마련해야 해서 대관료도 준비해야 한다. 대회 운영에 필요한 것을 갖추고 나면, 수익이라 할 게 없다.

프로대회도 사정이 다르지 않다. 프로선수는 파이트머니를 받아서, 아마추어 대회에 출전하는 것보다 낫긴 하다. 그런데 파이트머니가 많은 건 아니다. 스타 선수를 제외하고, 로드FC에 갓 데뷔한 선수들은 100만 원부터 파이트머니가 시작한다. 챔피언이 되면 수천만 원의 파이트머니를 받지만, 챔피언도 체급별 한 명씩일 뿐이다. 대기업이 팀을 운영하는 것도 아니고, 국가에서 정식으로 지원금을 받는 종목도 아니기에 열악할 수밖에 없다.

로드FC는 정문홍 회장의 사비와 메인 스폰서인 굽네치킨 홍경호 회장, 그 외 스폰서들의 후원으로 유지하고 있다. 한 대회당 필요한 돈이 수억 원인데, 스폰서의 후원으로 충당하기에 버거운 금액이다. 여느 프로스포츠와 마찬가지로 관중 수입이 있더라도,

극히 적다. 몇몇 선수의 파이트머니를 주기도 벅찬 실정이다. 상황이 이렇다 보니, 대회사도 수익이 없어 선수들에게 넉넉한 돈을 주기 힘들고, 선수들은 생계유지를 위해 따로 일한다.

이처럼 분야마다 돈이 몰리는 규모가 다 다르다. 진정으로 돈을 많이 벌고 싶다면, 돈이 몰리는 분야로 가서 일해야 돈을 벌 수 있다. 전 세계에서 인정받는 피겨스케이팅 선수 김연아처럼 한 분야를 이끌어 갈 재능과 노력이 있다면 상관없다. 그러나 그런 재능과 노력이 뒷받침되지 않는다면, 돈이 많이 몰리는 분야에서 일해야 더 많은 돈을 벌 수 있다.

6

나에게 맞는 시간을 찾아 활용해라

'일찍 일어나는 새가 벌레를 잡아먹는다.'는 속담을 모르는 사람은 없을 것이다. 이는 부지런한 사람이 성공한다는 의미다. 그런데 잘 생각해볼 필요가 있다. 꼭 아침에 일찍 일어나야 하는 걸까? 하루를 일찍 시작한다는 장점이 있지만, 아침형 인간이 아니라면 어떨까?

이른 아침에 대중교통을 이용하면, 아침 일찍 일어나서 출근하는 사람이 많다는 걸 알 수 있다. 그런데 모든 사람이 아침 출근길에 활기찬 모습일까? 아니다. 억지로 잠을 깨며 출근하는 모습이 더 많다. 출·퇴근 이동 거리가 꽤 되는 사람은 조금이라도 더 자려고 잠을 청하기도 한다. 물론 책을 읽거나, 휴대폰으로 드라마 또는 영화를 보며 틈새시간을 잘 활용하는 경우도 있다.

사람마다 생활 패턴과 신체리듬이 다르다. 아침잠이 적은 사람이 있으면, 아침잠이 많은 사람도 있듯이, 모두가 똑같이 아침형 인간일 수는 없다.

개인적으로 무조건 미라클 모닝을 실천할 필요는 없다고 생각한다. 자기 체력에 맞게, 직업에 맞게 시간을 활용하면 된다. 아침에 일찍 일어나서 시간을 활용하든, 밤늦은 시간을 활용하든, 본인 상황에 맞게 시간을 효율적으로 사용하는 게 중요하다. 아침잠 많은 사람이 미라클 모닝을 한답시고 일찍 일어나 피곤하면, 되는 일이 없다. 차라리 정신이 더 맑은 밤에 활동하는 게 더 효율적일 수 있다.

개그맨 박명수는 "일찍 일어나는 새가 피곤하다."고 했다. 웃기려고 한 말이기도 하지만, 직설적으로 말한 그대로의 의미를 전달한 것이다. 즉, 아침형 인간이 아니면, 아침에 일찍 일어나는 일은 피곤할 수밖에 없다는 거다.

내 말에 반박하는 사람도 분명히 있다고 생각한다. 아침에 일어나는 습관을 들이면 충분히 가능하다고 생각하는 사람도 있을 것이다. 맞다. 미라클 모닝이 가능한 사람이면 해도 된다. 취지도 좋고, 실용적인 부분이 많으므로, 가능하다면 따라 해서 나쁠 건 없다. 다만 미라클 모닝을 하면서 피곤하고 자신과 맞지 않는다면, 미라클 모닝보다는 본인에게 맞는 시간에 일어나 하루를 시작하는 게 더 효율적이다.

직장 생활을 하는 나는 아침형 인간이 아니다. 그렇다고 해서 엄청 게으른 것도 아니다. 초·중·고등학교까지 개근상을 받아, 다들 부지런하다고 생각하는데, 생활기록부에 남으니까 피곤한데도 불구하고 늦지 않게 학교에 갔을 뿐이다. 지금의 직장 생활도 마찬가지다.

2007년 SBS 뉴스에 방송된 호주 애들레이드 대학교 연구팀의 연구 결과에 따르면, 저녁형 인간이 아침형보다 더 창의적이고 인지능력이 뛰어나다고 한다. 또한 인간의 두뇌 활동이 최고조에 달하는 시간대는 저녁 시간이라는 연구 결과도 있다. 스페인 마드리드 대학 연구진은 2013년에 저녁형 인간이 아침형 인간보다 문제 해결 능력과 지능지수가 높다는 연구 결과를 발표했다. 또한 벨기에 리에주 대학교 연구진은 2009년에 저녁형이 아침형 인간보다 집중력이 높다는 사실을 밝혀냈다.

모든 건 자기에게 맞아야 도움이 된다. 병원에서 처방받는 약도 본인에게 맞아야 효과가 좋다. 미라클 모닝이 맞다면 미라클 모닝을 하고, 맞지 않다면 자기에게 맞는 시간대를 찾아 시간을 효율적으로 쓰면 된다.

7

롤 모델을 정해서 벤치마킹해라

많은 사람이 꿈을 이루려고 노력할 때, 그 길을 먼저 걸어간 사람을 바라보게 된다. 그리고 그 사람이 해왔던 방식을 따라 하기도 한다. 회사에 다니는 사람의 경우 자기 상사가 될 수 있고, 본인이 종사하는 분야에서 성공한 사람이 될 수도 있다. 그 대상을 우리는 롤 모델이라고 부른다.

성공에 있어 롤 모델은 굉장히 중요하다고 생각한다. 롤 모델을 따라 하기만 해도, 많이 배울 수 있어서다. 제2의 누군가가 아닌 제1의 자신이 되고 싶은 사람도 있지만, 그게 아니라면 벤치마킹은 성공의 지름길이 된다.

NBA의 '노력의 아이콘'인 블랙맘바 故 코비 브라이언트는 롤 모델을 정하고, 자기 우상을 그대로 따라 해 성공한 케이스다. 그의 우상은 농구 황제 마이클 조던이었다. 코비 브라이언트는 마이클 조던의 모든 것을 따라 했는데, 농구 할 때 슛 자세, 혀를 내미는 버릇까지도 똑같았다.

NBA에 처음 데뷔할 때만 하더라도 코비 브라이언트는 수많은 마이클 조던 키즈와 다르지 않았다. 싹은 보였지만, 제2의 마이클 조던이라고 불린 선수들에 비해 특출난 건 아니었다. 고등학교 졸업 후 바로 NBA에 뛰어들어, 실력과 경험이 모두 부족한 루키에 불과했다. 그런데 그가 다른 선수와 달랐던 것은, 마이클 조던을 완전히 벤치마킹하고, 따라 했다는 것이다. 심지어 정말 독하게 훈련하는 것과 일명 깡이라고 하는 자신감, 용기까지 닮았다. 마이클 조던과 코비 브라이언트를 모두 지도했던 필 잭슨 감독은 코비 브라이언트의 훈련량과 노력이 더 대단했다고 말하기도 했다.

코비 브라이언트는 마이클 조던의 모든 걸 배우길 원해, 경기 도중 마이클 조던에게 포스트 업 공격을 어떻게 해야 하는지 물어보기도 했다. 또한 마이클 조던의 전매특허인 페이드 어웨이 자세까지 똑같이 따라 했는데, 두 사람의 경기 장면을 교차 편집한 영상은 유튜브에서도 쉽게 찾아볼 수 있다.

이런 코비 브라이언트에 대해 마이클 조던은 "다른 선수와의 1:1 대결은 다 이길 수 있다. 코비 브라이언트만 빼고. 코비 브라이언트는 내 모든 기술을 똑같이 훔친 도둑"이라며 극찬했다. 코비 브라이언트 역시 "나의 모든 기술은 훌륭한 선수들로부터 훔쳤다."며 롤 모델을 따라 했음을 인정했다.

코비 브라이언트는 마이클 조던의 모든 걸 따라 하며, 실력과 커리어도 그에 근접하게 됐다. NBA에서 5번의 우승을 차지했고, 파이널 MVP에 두 번 선정됐으며, 역대 슈팅가드 순위에서 마이클 조던에 이어 2위로 꼽힌다. 늘 마이클 조던을 따라 한다며 2인자라는 낙인이 찍히기도 했지만, 코비 브라이언트는 세상을 떠난 후에도 누구에게나 존경받고 있다. 특히 그의 '맘바 멘탈리티'는 수많은 후배에게 귀감이 되고 있다. 참고로 코비 브라이언트가 직접 말한 맘바 멘탈리티는 스스로 최고가 되기 위해 노력하는 것, 매일 쉬지 않고 노력하는 정신력이다.

코비 브라이언트의 사례처럼 롤 모델을 벤치마킹해 똑같이 따라 하는 것만으로도 성공할 수 있다. 다만 분야에 따라서는 저작권 등의 문제가 발생할 수 있으니, 조심해야 한다.

성공하고 싶은 분야가 있는데 어떻게 해야 할지 모른다면, 본인이 가고자 하는 길을 먼저 갔던 선배들을 따라 해봐라. 초기에는 따라쟁이라는 말을 듣기도 할 것이다. 그러나 그 말은 무시해도 된다. 모든 사람은 누군가에게 배우며 자라기 때문이다. 똑같이 따라 하다 보면 실력이 늘고, 그 이후에는 자기만의 길을 걸으며 커리어를 쌓으면 된다.

8

인생을 바칠 각오가 아니라면 플랜B를 세워라

누구나 성공을 원하지만 모두가 성공하지는 못한다. 그저 최선의 노력을 다한 사람만이 성공할 수 있다. 성공을 위한 최선은 인생을 바칠 정도의 각오가 들어간 것이다. 누구나 할 수 있는 노력 정도로는 성공하기 힘들다. 가벼운 노력만으로 성공할 수 있었다면, 모두가 잘 먹고 잘살아야 한다.

현실은 냉정하다. 게으른 사람에게 절대 성공이라는 달콤한 결과를 주지 않는다. 정말 내 모든 걸 다 쏟아 부었는데도 안 된다면, 내가 더 이상 손 쓸 수 없는 일이다. 그런데 노력이 조금이라도 부족하다면, 실패했을 때 미련이 남아 '그때 더 열심히 했더라면 내가 성공하지 않았을까?'라는 후회를 하게 된다. 인생을 걸어서 최선을 다해야 실패해도 후회하지 않는다.

만일 인생을 바칠 정도의 각오를 할 게 아니라면, 플랜B를 선택해 다른 길을 찾는 것도 생각해야 한다. 실패했다고 인생을 포기할 수는 없다. 대안으로 보험을 하나 들어놓으면, 올인하는 것보다 리스크를 줄일 수 있어, 부담감도 훨씬 줄어든다.

개그맨 박명수는 "세상은 생각대로 되지 않기 때문에 나는 대안을 세 개, 네 개 마련해놓는다. 확률적으로 하나는 대박 난다. 대박까지는 못가도 중박은 갈 수 있다. 이것이 내가 오랫동안 버틸 수 있었던 스킬이다."라며, 실패에 대비한 다른 계획의 중요성을 말했다.

하나에만 올인할 수 없다면 여러 가지 방법을 생각해 시도해보고, 내가 잘하는 걸 하면 된다. 그러다 보면 또 다른 기회가 생기기도 한다. 작사가 김이나는 처음부터 작사가가 되는 것이 목표도 아니었고, 작사가에 올인하지도 않았다. 평범한 회사원으로, 그저 음악과 관련된 일을 하고 싶다는 막연한 목표만 있었다. 꿈이 구체적이진 않아도, 내가 꿈꾸는 일을 하는 사람을 만나면, 길이 열리지 않을까 생각했다. 그러던 중 작곡가 김형석을 만나, 작사를 의뢰받아 커리어를 쌓기 시작했다. 작사가가 된 뒤에도 김이나는 회사를 바로 그만두지 않았다. 작사가로서 저작권료가 월급을 뛰어넘을 때까지 회사에 다니면서 퇴사 시기를 기다렸다. 무려 그 기간이 7년이다. 저작권료가 꾸준히 월급을 뛰어넘은 뒤에야 전업 작사가로 활동했다.

"저는 직장을 다니면서 가사를 틈틈이 썼어요. 그게 7년이 이어졌어요. 저작권료가 월급을 훨씬 웃돌면서, 그것이 평균치가 될 때까지 직장을 그만두지 않았죠. 내 생활을 유지해나가면서 꿈에 도전하면 쉽게 포기 안 해요. 어쨌든 생활 유지가 되니까. 그런데 무모하게 도전하면 금세 때려치워요. '역시 이건 아니야. 나에게는 행운이 따르지 않아.' 하면서 말이죠."

이는 김이나가 직장을 바로 그만두지 않은 이유를 말하며, 꿈을 지키는 방법에 대해 한 이야기다.

나도 현재 회사에 다니면서 인스타그램 '아재글' 페이지로 부수익을 얻으며 살고 있다. 내 목표도 김이나와 마찬가지다. 아재글로 얻는 수익이 내 월급을 뛰어넘어야, 회사를 그만둘 예정이다. 현재 아재글로 꽤 많은 수익을 얻고 있는데, 내가 지켜야 할 가족도 있고, 시간적으로 여유롭지 않지만, 그래도 지금까지는 내 생활에 지장이 없어, 5년째 운영하고 있다.

아재글을 운영하다 보니 이 책을 쓰게 되는 소중한 기회도 얻었다. 예전부터 책을 쓰고 싶다는 생각으로 버킷리스트에 적어뒀는데, 아재글을 통해 버킷리스트 하나를 지우게 됐다. 이 책이 나에게 얼마만큼의 수익을 가져다줄지는 모르겠다. 사실 수익보다도 책 쓰기라는 목표를 이루고, 이 책으로 또 다른 기회가 생길 수 있다는 기대감에 설렌다. 그래서 책을 낸 다음에 어떤 일이 벌어질지가 더 궁금하다. 수익은 그다음이다.

플랜B를 선택해도, 최소한의 노력은 반드시 해야 한다고 생각한다. 인생을 바칠 정도의 노력까진 아니더라도, 무엇이든 노력해야 성과가 나온다. 노력도 안 하면 이도 저도 아니게 된다. 시간만 낭비하는 결과를 낳는다. 노력을 안 하면 플랜B, 플랜C가 있어도 똑같다. 결국 그 어떤 것도 이루지 못한다.

노력도 안 하면서 성공을 바라는 사람에게는 영화배우 최민식이 남긴 말을 소개해주고 싶다.

"할 거면 제대로 하고, 안 할 거면 다른 사람 피해 주지 말고 일찌감치 때려치워라."

플랜B가 필요한 사람에게는 방송인 전현무가 했던 말을 전하고 싶다.

"한 가지 꿈에 집착하다가는 정말 낭패 보기 십상입니다. 세상이 좋아져서 자기 꿈을 못 이뤄도 할 게 너무 많아요. 일단 부딪혀보고, 아니면 과감히 버리는 당당한 여러분이 되길 바랍니다."

죽을 각오로 열심히 해도 안 되는 게 분명히 있다. 인생을 바쳐도 안 될 수도 있다. 그런데 인생을 바칠 각오가 안 되어 있다면, 다른 길을 선택하는 게 현명하다. 플랜B, 플랜C 등 여러 길을 열어둔다면, 또 다른 기회가 올지도 모른다. 그 기회 속에서 내가 몰랐던 나의 재능도 발견할 수도 있다. 다만 어떤 선택에도 노력은 반드시 따라와야 한다.

9

포기할 줄 아는 것도 용기다

많은 사람이 "포기는 배추 셀 때나 쓰는 거"라고 한다. 포기하지 말고, 열심히 노력하라는 의미를 담아, 동기부여 되도록 자극하는 말이다. 한마디로 더 노력해서 꿈을 이루라는 멋진 말이다.

그런데 나는 개인적으로 때로는 포기도 필요하다고 생각한다. 진심으로 오랫동안 최선을 다해 도전했는데, 원하는 성과를 내지 못했다면 과감히 포기할 줄도 알아야 한다는 말이다. 정말 열심히 노력했는데도 안 되면, 포기하는 게 맞다. 만일 열심히 해보지 않았다면, 정말 제대로 해보고 난 뒤에 안 되면 포기해야 한다.

포기할 줄 아는 것도 용기다. 포기가 당장은 내 인생을 망치는 것 같아도, 장기적으로 보면 현명한 행동일 수 있다. 혹시나 포기하기 싫다면 내가 해 온 것을 냉정하게 돌아보고, 무엇이 잘못됐는지 짚어본 다음, 내가 하는 방법이 맞으면 더 열심히 해보고, 방법이 잘못됐다면 새로운 방법을 찾아야 한다.

결정할 때는 포기하지 않았을 때와 포기했을 때 벌어질 상황을 예상해보고, 각각의 리스크는 무엇인지, 내가 얻는 이익은 무엇인지 꼼꼼히 따져보고 냉정하게 판단해야 한다. 내 인생의 선택과 책임은 내 몫이니, 그만큼 신중한 결론을 내려야 한다는 뜻이다.

취업이 점점 어려워지면서 공무원 준비를 하는 사람을 수도 없이 많이 봤다. 짧게는 1년, 길게는 10년 넘게 공무원 준비를 하기도 한다. 공무원이 안정적인 직업이고, 연금까지 보장되니 하고자 하는 마음을 충분히 공감한다. 문제는 안 되는 걸 계속 붙잡고 있을 때다. 정말 가능성이 있다면 포기하는 게 아깝지만, 가능성도 없는데 미련이 남아서 붙잡고 있으면, 자기 시간을 계속 버리는 것이다. 지금까지 투자한 시간이 아깝다고 버티는 것도, 미련한 행동이다. 앞으로 주어진 시간을 또 버리는 것이기 때문이다. 가령, 5년간 도전했는데 합격하지 못했다고 했을 때, 이때 포기하면 5년만 버린다. 하지만 포기하지 않고 몇 년을 더 투자하고 원하는 결과를 얻지 못하면, 쓴 시간만큼 더 잃는다.

지금까지 투자한 시간이 아까워서 포기하지 못하는 사람에게 하고 싶은 질문이 있다. "정말 죽을 만큼의 노력을 했는지?", "더 노력할 수 있었는데 피곤하고, 힘들다는 이유로 해이해진 적은 없었는지?" 남들도 인정할 만큼 엄청난 노력을 했는데도 안 되면, 그건 진짜 안 되는 거다.

포기에 대한 현실적인 한마디가 있다. 우리나라에서 손꼽히는 MC 전현무의 말이다. 전현무는 언론고시에서 전설적인 인물이다. 조선일보 공채 기자로 합격하고, YTN 공채 아나운서를 거쳐, KBS 공채 아나운서에도 합격했다. 현재는 방송인으로서 잘 나간다. 그는 하나에만 매달리지 않고, 안 되는 상황까지 고려해, 여러 대비를 했다고 한다. 이런 그는 MBC 〈황금어장 무릎팍 도사〉에 출연해서 그는 "꿈이 없는 것도 비참하지만, 안 되는 꿈을 잡고 있는 것도 비참하다."고 말했다. 포기해야 할 때는 포기할 줄도 알아야 한다는 뜻이다.

나는 평소 꿈에 대해 무조건 도전해보라는 말을 한다. 일단 도전해봐야 내가 성공할지, 실패할지 알 수 있다. 정말 죽기 살기로 도전해보고, 아니다 싶으면 과감히 포기하라고도 한다. 노력했는데도 안 되면 어쩔 수 없는 거다. 미련 때문에 계속 포기하지 않고 시간만 흘려보내면, 그것도 내 인생에 몹쓸 짓을 하는 것이니까.

그만두는 걸 너무 부정적으로만 생각하지 않았으면 좋겠다. 정신건강의학박사 오은영 박사는 "포기하는 것과 한계를 아는 건 다릅니다. 포기는 해보지도 않고 하는 거라면, 한계를 아는 것은 현실을 파악하고 받아들이는 거예요. 그래야 그걸 딛고 다음으로 갈 수 있어요."라고 말했다.

노력해보지도 않고 그만두는 건 어리석지만, 한계를 느끼고 현실을 받아들이는 건 현명한 선택이다. 부디 자기 상황을 냉정하게 바라보고 올바른 선택을 하길 바란다.

10

동기부여 대상을 찾아라

성공하려면 강한 의지가 필요하다. 원하는 성공의 크기가 클수록 의지가 강해야 하고, 의지가 없으면 성공할 확률도 낮다. 그러므로 끊임없이 시도하고, 실패에도 좌절하지 않을 동기부여를 지속해야 한다.

그런데 동기부여가 말이 쉽지 꾸준히 실천하는 게 쉽지 않다. 꾸준히만 하면 되는데, 그게 정말 어렵다. 나영석 PD는 tvN에서 방영 중인 〈유 퀴즈 온 더 블록〉에 출연해, 강호동에 대해 말하며 "옛날에는 대단한 사람이 대단해 보였거든요? 그런데 요즘은 오랫동안 꾸준한 사람이 너무 대단해 보이는 거예요."라고 칭찬했다. 특별한 능력이 없어도 꾸준하면 성공에 가까워질 수 있을 만큼, 꾸준하기란 쉽지 않다. 또 꾸준한 것 자체가 특별한 능력이 될 수도 있다. 이에 꾸준함을 위해 많은 사람이 동기부여를 하는데, 나의 방법을 소개해주겠다. 첫 번째 방법은 내가 잘된 모습을 보여주고 싶은 대상을 생각하며 힘을 내는 것이다. 두 번째 방법은 조금은 유치하지만 보란 듯이 성공해서 복수하고 싶은 사람 앞에 나타나는 상상을 하는 것이다. 마지막으로 세 번째 방법은 사랑하는 사람에게 잘해주기 위해 동기부여에 불을 지피는 것이다.

실제로 사람은 사랑에 빠지거나, 위기에 빠지면, 초인적인 힘을 발휘한다고 한다고 하는데, 미국 LA 캘리포니아 대학의 나오미 아이젠버거 박사의 연구 결과에 따르면, 진실한 사랑은 고통을 줄여준다고 한다. 그 연구 결과를 뒷받침하는 내용으로, 아이젠버거는 "자신의 애인 사진을 볼 때 스트레스가 감소하여 고통이 줄어들므로, 누군가가 지속적인 통증을 호소하거나 고통을 참아야 할 때, 사랑하는 사람의 사진을 보여주면 고통을 줄일 수 있다."고 말했다.

이 같은 사랑의 힘으로 성공한 사례로 소개할 사람은 야구선수 추신수다. 추신수는 메이저리그에 도전해서 성공하기까지 어려움을 겪었다. 마이너리그와 메이저리그를 오가는 중요한 시기

였던 2007년, 야구선수에게 치명적인 팔꿈치 수술을 하는 큰 위기를 맞았다. '포기하고 한국으로 돌아갈까?'라는 생각을 할 만큼 무척 힘든 시간을 보냈다고 한다. 설상가상으로 아내의 한쪽 눈이 점점 안 보이기까지 했다. 병원에서 정밀검사를 하고, 수술을 잘못하면 실명할 수 있다는 얘기에 불안했던 아내가 추신수에게 "나, 눈이 안 보이면 어떡하지?"라고 물었다. 이때 추신수는 "너 때문에 야구하는데, 네가 눈이 안 보이면 야구 그만두고, 내 눈을 너한테 줄게."라고 답했다고 한다.

팔꿈치 부상과 아내의 실명 위기가 겹쳐 힘든 상황이었지만, 추신수는 더욱 이를 악물고 노력했다. 아내를 행복하게 해주려고 모든 노력을 기울인 것이다. 그 후, 부상을 극복한 추신수는 메이저리그에서 꾸준히 활약하며, 실력을 인정받았다. 그리고 2014년 텍사스 레인저스와 7년간 1억 3,000만 달러의 초대형 계약에 성공했다. 1억 3,000만 달러는 우리나라 돈으로 약 1,646억 원에 달하는 거액이다. 뿐만 아니라 추신수는 메이저리그에서 아시아 출신으로 유일하게 통산 200홈런, 20홈런-20도루를 기록했다. 또 2010년에는 한국인 메이저리그로서 최초로 MVP 투표에서 득표했고, 2018년에는 올스타에 선정되기도 했다. 현재는 한국으로 돌아와 활동하는 추신수는 누구나 인정하는 성공한 야구선수다.

사랑의 힘으로 모든 걸 극복한 추신수처럼 동기부여 대상은 자극을 받아 열심히 살아가게 하는 삶의 이유가 된다. 사랑을 예로 들었지만, 사람마다 동기부여 대상이 다르므로, 자기를 자극시키는 대상을 찾으면 된다. 이때 제일 중요한 것은, 내가 무엇을 좋아하는지 정확하게 아는 것이다. 일하면서도 내가 재미있다고 생각하는 것을 찾거나, 좋아하는 사람들을 떠올리고, 잘해주고 싶은 대상을 생각하다 보면 더 열심히 하게 된다. 당신도 좋아하는 것에 자극받아, 지금보다 훨씬 더 열심히 노력해서 원하는 모든 걸 이루기를 바란다.

　끝으로 세계적인 연설가이자 동기부여의 대가 지그 지글러의 명언을 남긴다.

"사람들은 종종 동기부여가 지속되지 않는다고 한다. 목욕도 마찬가지다. 그래서 우리가 매일 하는 걸 추천하는 것이다."

11

제대로 된 휴식은 성공의 밑거름이다

지금까지 노력하라고 수도 없이 강조했다. 그런데 이제 휴식에 대한 이야기를 하려 한다. '노력하라고 해놓고 휴식이라고?'라는 의문을 품은 사람이 분명히 있을 것이다. 하지만 나는 쉴 땐제대로 쉬어야 다시 더 잘 뛸 수 있다는 걸 알려주고 싶다.

'2보 전진을 위한 1보 후퇴'라는 말이 있다. 앞으로 더 많이나아가려면, 잠시 물러나는 여유도 있어야 한다는 의미다. 성공하려면 열심히 달려야 한다고는 하지만, 휴식도 성공에 있어서중요한 요소다. 기계도 계속 사용하면 고장 나기 마련인데, 사람이라고 멀쩡할까. 열심히 달린 뒤에는 제대로 쉬어줘야 에너지를채우고 다시 달릴 수 있다. 그 휴식은 잠이 될 수도 있고, 음악 감상이 될 수도 있고, 사람마다 방법이 다른데, 핵심은 정신적으로든, 육체적으로든 휴식 시간을 가져야, 앞으로 나아갈 힘이 생긴다는 것이다.

나는 개인적으로 좋아하는 노래를 틀어놓고, 아무 생각 없이 바다를 바라보는 것을 좋아한다. 바다로 가는 게 제일 좋지만, 바다까지 가기에 시간이 부족하다면, 불 끈 방 안에서 향초를 켜놓고 커피 한잔을 마시며 노래를 듣는다. 그 시간은 온전히 내 시간으로, 아무에게도 방해받지 않고 내가 좋아하는 걸 즐기며, 머리와 몸 전체에 휴식을 준다. 그렇게 1시간 정도 쉬고 나면 머리도 맑아지고 개운하다. 비록 1시간이지만 몇 시간 자고 일어난 것처럼 기분이 좋다. 뿐만 아니라, 아이디어도 많이 떠오르고, 원하는 휴식을 취했기에 무엇이든 해나갈 수 있다는 자신감도 생긴다.

앞에서도 얘기했듯이, 휴식을 취하는 방법은 사람마다 다르니 각자에게 맞는 방법을 찾는 게 중요하다. 여러 방법을 시도해보고, 자기 스타일을 적용하면 된다. 다만 제대로 쉴 수 있는 방법이어야 한다. 게임으로 휴식한다고 해놓고, 다른 사람에게 져서 화가 난다면 그건 휴식이 아니다. 오히려 스트레스를 쌓는 일이다. 그러므로 머리를 쓰는 것보다 가만히 있으면서 그 자체를 즐길 수 있는 걸 추천한다.

휴식이 중요한 이유는 사람이 쉬지 않고 계속 달리면 번아웃이 오거나 슬럼프에 빠지기 때문이다. 슬럼프는 나도 모르는 사이에 오는데, 가장 큰 문제는 원인을 찾지 못하고 전전긍긍하면서 굉장히 답답하게 만든다는 것이다. 평소와 다를 게 없는데, 일이 전혀 풀리지 않아 스트레스도 쌓인다.

골프여왕 박세리는 쉬지 않고 앞만 보고 달리면 안 되는 이유에 대해 말한 적이 있다.

"슬럼프가 느닷없이 왔어요. 불과 5일 전에 우승하고, 새로운 대회에서 첫 라운드를 하는데, 뭔가 감이 안 좋은 거예요. 제가 한번도 해보지 않은 샷이 나오기 시작했거든요. 제 클럽이 바뀐 것도 아니고, 스윙이 바뀐 것도 아니고, 루틴이 바뀐 것도 아니고, 몸에 이상이 있는 것도 아닌데 하루아침에 어제와 오늘이 너무 다른 상황이었어요. 그때는 그냥 부정하고 싶었어요. 냉정해질 수 없었죠. '설마 슬럼프겠어?' 했는데, 대회 나갈 때마다 점점 더 안 좋아지는 거예요. 그러다가 아무것도 아닌 거에 재기를 했어요. 낚시할 때 세월을 낚는다고 하잖아요. 그동안 심란했던 머릿속이 정리되면서 극복했죠. 누구나 뒤를 봐야 앞도 볼 수 있는데, 사람들은 앞만 보고 달리라고 해요. 되게 위험한 거죠. 시시때때로 뒤도 보고 앞도 보고 그래야 해요."

정신건강의학박사 오은영도 "번아웃은 신체적이든, 정신적이든, 심리적이든, 에너지를 다 사용해서 완전히 고갈된 상태를 의미해요. 그리고 번아웃이 오면 굉장히 무기력하고, 의욕 없고, 불안과 우울을 동반해요. 사소한 일에도 쉽게 짜증이 나고요. 만일 번아웃 상태가 오래 지속되면 심신의 건강에 부정적인 영향도 줘요."라며 번아웃의 위험성을 얘기했다.

정신과 전문의 양재진의 말에 따르면, 반복된 생활을 몇 년간 하다가 지친다는 걸 느끼면, 몸이 주는 위험 신호라고 한다. 그런 상황에서는 의도적으로, 의식적으로 쉬는 것, 그리고 몸을 움직이는 운동을 한 가지 이상 반드시 해야 한다고 한다.

세계적인 축구선수 크리스티아누 호날두와 농구선수 르브론 제임스는 매년 수십억 원의 돈을 몸 관리에 쓰는 것으로 유명하다. 열심히 운동하는 것은 물론이고, 회복도 굉장히 중요하게 생각한다. 빠른 회복을 위해 크라이오 캐어로 알려진 냉각치료기를 사용하고, 고압 산소실을 이용해 휴식을 취한다. 운동하는 시간을 제외하고, 상당한 시간을 회복과 휴식을 위해 투자한다. 휴식해야 또 뛸 수 있다는 걸 너무 잘 알고 있어서다.

잠을 잘 자는 것도 중요하다. 하지만 우리나라는 잠에 대해 굉장히 인색한 나라다. 학교 다닐 때부터 "잠이 오냐?", "지금 자면 꿈을 꾸지만, 안 자고 공부하면 꿈을 이룬다." 등 성공하려면 잠을 줄여야 한다는 말을 많이 듣는다. 그래서 무언가 이루기 위해서는 잠을 줄여서라도 해야 한다는 강박을 가지고 있다. 그런데 잠을 줄이면 시간이 생긴다는 장점이 있지만, 수면 부족은 오히려 능력을 제대로 발휘하지 못하게 한다. 그러므로 잠을 줄이기보다는 자는 시간, 수면의 질을 높여서 효율을 높이는 게 중요하다.

수면 전문 브랜드 시몬스의 2021년 조사에 따르면, 우리나라 평균 수면 시간은 평균 7시간 51분이다. OECD 회원국 평균 수면 시간 8시간 22분과 비교하면, 약 30분 덜 잔다. 또 세계 최대 경제 강대국 미국의 평균 수면 시간 8시간 48분과 비교하면, 매일 1시간 가까이 안 잔다. 이미 우리나라 사람은 잠을 충분히 조금 자고 있다.

번아웃이 오거나 슬럼프에 빠진 듯하면, 나의 상황을 파악하고, 충분한 휴식기를 가질 필요가 있다. 아무 생각 없이 쉬는 여유도 있어야, 다시 재충전해서 달릴 수 있다. 아무리 가벼운 것이라도 계속 들고 있으면 팔이 아픈 법이다. 기계도 일정 시간 이상 사용하면 멈춰줘야 하듯이, 사람도 열심히 일했다면 쉬는 시간이 필요하다.

혹여나 쉬는 시간에 뒤처질까 두렵다면, 꾸준히 마인드 컨트롤하며 앞으로 더 나아갈 밝은 미래를 생각하자. 잠깐의 휴식으로 나는 더 멀리, 높게 날아갈 수 있다고. 열정적으로 달려온 뒤의 휴식은 뒤처지는 게 아니라, 더 멀리 갈 수 있는 발판을 마련하는 시기라는 것을 명심하자.

나만의 자존감을 키워라

방법은 알고 있는데, 좀처럼 용기가 나지 않아 도전하지 못하는 사람이 있다. 이런 사람은 마인드 컨트롤이 필요하다.

이렇게 용기가 필요한 사람에게는 개그우먼 장도연의 이야기를 들려주고 싶다. 장도연은 방송에서 보이는 것과 달리 낯을 많이 가리는 성격이라고 한다. '방송에 나오는 사람이 낯을 가리다니? 이게 무슨 말이지?' 싶을 것이다. 그런데 사실이다. 낯을 많이 가려서 많은 사람 앞에 서야 할 때면 늘 두렵고, 두려움을 이기기 위한 용기가 필요하다고 한다. 그럴 때마다 장도연은 자기 자신을 위해 거는 주문이 있다고 한다. 한 강연에서 그 마법의 주문을 공개한 적이 있다. 그때도 많은 사람 앞에서 강연해야 하기에 주문을 외치고 올라갔다고 한다.

"저는 학창 시절에 굉장히 평범했고, 주눅도 많이 들고, 남의 눈치를 정말 많이 봤어요. 이런 제가 방송 생활을 10년 넘게 하면서 혼자 거는 주문이 있어요. 왜냐하면 많은 사람을 상대하려면, 그만큼의 기가 필요한데 제게는 그런 에너지가 없거든요. 그래서 저 스스로 주문을 걸면서 용기를 불어넣는 거죠. 그 주문은 바로 '다 X밥이다.'예요."

장도연은 자기만의 방식으로 마인드 컨트롤을 하는 것이다. 이 방법은 내가 강연 영상을 보고 실제로 따라 해봤는데, 효과를 보고 있다. 나도 타고난 A형에, 성격이 굉장히 소심했다. 그래서 남의 시선을 많이 의식하고, 눈치도 많이 봤다. 남의 눈치를 보느라 학창 시절부터 내가 하고 싶은 걸 못 한 적도 많다. 다시 생각해봐도 후회되는 모습이다. 그런데 현재는 남의 시선을 의식하지 않는다. 남이 뭐라고 하든 말든 신경 쓰지 않는다. 남에게 피해가 되지 않는 선에서 내가 하고 싶은 걸 마음껏 한다.

또 장도연은 남의 시선을 의식하지 말고, 자신만의 인생을 살기를 강조한다.

"남 신경 쓰지 말고 자기만의 보폭으로 걷자는 얘기를 드리고 싶어요. 사람들은 잘 된 사람을 보지, 나보다 잘 안된 사람은 잘 안 보더라고요. 누구에게나 나만의 보폭, 나만의 온도가 있다고 생각해요. 팔팔 끓는다고 다 좋은 건 아니잖아요. 그러니 '주위 사람들이 다 나보다 잘되고 있네. 나만 멈춰 있나? 나만 정체돼 있나?' 이런 생각이 들 때, 제가 거는 주문을 여러분도 걸어보면 좋겠어요. '다 X밥이다.'"

용기에서뿐만 아니라 외모에도 자존감이 떨어지는 사람들이 있다. 요즘 시대에는 외모도 하나의 능력으로 인정해, 외모를 두고 평가하기도 하기 때문이다. 그런데 외모는 개인의 취향이 많이 작용한다고 생각한다. 또 보는 눈이 다 같을 수도 없고, 각자 다른 매력이 있으니, 다른 사람의 평가에 스트레스받을 필요가 없다.

개그우먼 안영미는 외모에 대한 지적에 대해서 소신 있게 발언한 적 있다.

"어릴 때부터 '너, 너무 못생겼어.'라는 말을 많이 들었어요. 그런데 저는 그 말을 마음에 두지 않았어요. 주변 사람들이 평가한 거잖아요. 그런데 솔직히 그 사람들이 제 외모를 평가할 자격은 없죠. 자기들이 뭔데 평가를 해요? 실제로 저는 저 스스로 '나 진짜 못생겼다.'라고 생각한 적이 없어요. 또 남에게 인정받으려고 애쓸 필요도 없죠. 저는 그 사람들의 아바타가 아니니까요. 내 삶은 내 거니까, 나를 정말 아낀다면 칭찬의 말을 더 크게 듣고, 나의 장점을 더 크게 보는 눈을 가져야 해요."

누구에게도 타인의 외모를 지적할 권리와 자격은 없다. 남의 인생에 관여해서도 안 된다. 잘못을 저지르는 게 아니라면, 내 인생은 내 마음대로 살면 된다.

E-스포츠 LOL 프로 게이머로 유명한 페이커는 "프로 생활하면서 다양한 사람을 만났어요. 그 과정에 상처받는 일도 많았고, 나 혼자 오해하는 일도 많았죠. 그런데 저는 그 상처를 가지고 있지 않고 버려요. 나 아닌 다른 사람들이 나에게 쓰레기를 버리고 갔는데, 내가 쓰레기를 주머니에 넣으면, 내 주머니만 더러워지는 거잖아요. 그렇게 생각하니까 많은 도움이 됐어요."라고 말했다.

페이커의 말처럼 나에게 쓰레기를 버리고 가는 사람들을 신경 쓰지 말고, 온전히 내가 하고 싶은 것 마음껏 하면서 살자. 쓰레기로 더럽히기엔 내 인생은 너무 소중하고 귀하다.

13

결국 정답은 내 안에 있다

요즘엔 인터넷만 연결되어 있으면 언제 어디서든 모든 정보를 찾을 수 있다. 예를 들면, 성공한 사람들의 성공 비결이나 각자의 재능을 활용한 강의 등이다. 이로써 마음만 먹으면 그 어떤 노하우도 쉽게 배울 수 있다. 굳이 돈을 지불하지 않더라도 얻을 수 있는 정보가 많다.

성공한 사람들의 말에는 공통점이 있다. 내가 이 책에 써놓은 것처럼 우리가 알고 있는 내용도 많다. 하지만 여전히 "그걸 누가 몰라서 그러나? 알면서도 안 되니까 그렇지."라고 말하는 사람들이 있다. 나도 마찬가지였다. 그런데 성공하기 위해서는 결국 해야 한다. 아무리 좋은 정보를 얻고, 방법을 알게 된다고 하더라도 내가 직접 하지 않으면 소용없다. 누가 내 인생을 대신 살아주지 않기 때문이다. 성공한 사람들을 바라보며 그저 부럽다는 생각만 하고 시간을 흘려보내면, 지금까지 살아온 인생과 별로 다르지 않은 인생을 또 살게 된다.

지금까지 인생을 살아가면서 겪는 인간관계 사례와 성공하는 사람과 실패하는 사람의 특징 등 많은 내용을 담았다. 모두 당신이 성공하길 바라는 마음에서 시작한 작업이다. 여러 번 강조하지만, 이 내용들을 보고 실천하느냐 하지 않느냐는 당신의 결정에 달렸다. 지금까지의 인생이 만족스럽다면 따라 하지 않아도 괜찮다. 어떤 인생이든 자기가 만족하는 게 가장 큰 행복이니까. 하지만 만족하지 못한다면 조금 더 행복해질 수 있는 방법을 찾아 실천해야 한다. 대신 안 된다는 생각은 금물이다. 할 수 있다는 긍정적인 자세로 나의 미래를 밝게 빛내줘야 한다. 그래야 더 많은 가능성이 생긴다.

내 인생의 주인공은 바로 나다. 주인공이 아무것도 하지 않는 드라마와 영화는 없다. 내 인생이 더 근사해지길 바란다면, 힘들고, 지치고, 귀찮더라도 조금씩 노력해보자. 아주 작은 부분부터 변화시킨다면 당신의 인생은 분명히 달라질 것이다. 기회가 오지 않는다고 해서 너무 자책하지도 말자. 횡단보도에서 녹색불을 기다리는 것처럼 인생에도 타이밍이 있으니까. 지금 당장 안 풀려도 너무 걱정하지 말자. 기회를 잡기 위해 노력하고, 기다리다 보면 당신 인생에도 녹색불이 켜질 것이다.

기시미 이치로의 『아무것도 하지 않으면 아무 일도 일어나지 않는다』는 책 제목처럼, 내가 움직이지 않으면 어떤 일도 일어나지 않는다. 분명한 것은 인생의 해답을 풀기 위한 열쇠와 정답은 당신이 이미 가지고 있다. 당신이 가진 정답과 열쇠로 인생의 고민과 문제를 풀어내고, 당당히 성공의 문을 활짝 열기를 바라고 응원한다.

에필로그
: 끝날 때까지 끝난 게 아니다

5년 전 '아재글'을 처음 시작할 때만 하더라도 내가 직접 쓴 책이 세상에 나오리라고는 상상도 못했다. 그저 버킷리스트에 적어놓고 '언젠가는 책을 내야지.'라는 생각만 했다. 그러다가 아무것도 하지 않으면 평생 쓰지 못할 것 같아서, 친구들에게 책을 낼 거라고 얘기했다. 물론 그때도 원고는 없었고, 어떤 책을 쓸지 구체적인 구상도 하지 않았다. 막연하게 책을 내겠다고만 얘기했다. 그 당시에 내 얘기를 들은 친구들은 내가 아무 계획도 없는 상황에서 대뜸 책을 쓰겠다고 해서 황당했을 거다.

그런데 신기하게도 친구들에게 얘기한 지 불과 일주일 정도 지난 뒤, '마인드셋' 권민창 대표로부터 출간 제안을 받았다. 사실 책을 내겠다고 입 밖으로 내뱉긴 했는데, 어떻게 하면 책을 낼 수 있을지 고민하던 중이었다. 당연히 생각지도 못한 제안을 받아 기뻤지만, 한편으로는 걱정도 됐다. 태어나서 책 원고를 써본 적이 단 한번도 없어서, 원고를 어떻게 완성해야 할지 막막했기 때문이다. 하지만 '지금이 아니면, 다시는 책을 낼 수 없을지도 모른다.'는 생각이 들어 무작정 출간계약서에 서명했다. 타고난 성격은 쫄보인데, '에라, 모르겠다!'는 마음과 함께 일단 저질렀다.

문제는 수습하는 것이었다. 원고를 쓰려고 하면, 머릿속이 하얘지면서 속이 타들어 갔다. 그렇게 몇 주 동안 좀처럼 원고의 진도가 나가지 않는 상황에서, 코로나에 걸리기까지 했다. 격리가 끝난 후에는 몸살까지 이어져, 몇 주를 또 날려버렸다. 몸과 마음이 지치면서 '계약금을 돌려주고, 없던 일로 하자고 할까?'라는 생각까지 했다.

지금 돌이켜보면 바보 같은 생각이었지만, 당시에는 진지하게 고민했다. 하지만 그대로 포기할 수 없어, 나에게 용기를 주기 위해 계속 마인드 컨트롤하면서 '나는 문제없어. 할 수 있어!'를 외쳤다. 또 고등학생 때 자신감을 키우기 위해 듣던 노홍철이 부른 〈나는 문제없어〉를 매일 들었다. 그리고 억지로라도 매일 퇴근 후 카페에 가서 글을 썼다. 솔직히 카페에 가면서도 글은 잘 써지지 않았고, 아까운 일주일이 흘렀다.

그러던 어느 날, 여느 때와 똑같이 오후 8시쯤 카페에 갔는데, 그날따라 사람이 아무도 없었다. 아주 조용한 분위기에서 원고를 쓰기 시작했는데, 신기하게도 이전까지와는 달리 술술 잘 써졌다. 시간 가는 줄도 모르고 쉬지 않고 원고를 썼다. 카페 직원이 마감해야 한다고 시간을 알려줘 12시가 된 걸 알았지, 그전까지는 원고에 집중하느라 몇 시인지도 몰랐다. 집으로 돌아간 후에도 그 느낌을 놓치고 싶지 않아서 출근해야 하는데도, 새벽 5시까지 계속 썼다. 마치 누군가가 이렇게 쓰라고 알려주는 것 같았다. 그렇게 태어나서 처음 느껴보는 색다른 경험을 하며, 원고가 완성돼 이렇게 책이 나왔다. 그리고 원고를 쓰기 시작하면서 탈고하기까지 저질러 놓으면 어떻게든 된다는 걸 배우게 됐다.

인생도 이와 마찬가지다. 하기 전부터 겁먹고 도전하지 않으면, 이뤄지는 건 절대 없다. 그러니 겁이 나더라도, 나 자신을 믿고 도전해보자. 해보지 않으면 내 능력이 어디까지인지 절대 알 수 없다. 나는 지극히 평범한 사람이다. 아니, 어떻게 보면 부족하다고 할 수도 있다. 하지만 절대 포기하지 않았고, 꾸준히 무언가를 시도했다. 그렇게 하루하루 쌓여 현재는 인스타그램에서 7만 명이 넘는 사람이 나를 팔로우하고 있고, 일주일에 500만 명이 넘는 사람이 내 게시글을 보고 동기부여와 위로를 받는다. 앞으로도 나는 이렇게 살 것이다. 타고난 게 없기 때문에 늘 꾸준하게 무언가를 시도하고, 또 최선을 다하며 매일 살아갈 것이다. 끝날 때까지 끝난 게 아니니까.

마지막으로 이 책은 내 삶의 이유인 우리 가족에게 하고 싶은 말로 마무리하고 싶다. 아빠, 엄마, 누나, 매형, 조카 민우와 지우, 내 동생 폴리 항상 사랑하고 고마워.

끝날 때까지 끝난 게 아니다

ⓒ아재글(박순경) 2022

초판 1쇄 인쇄 2022년 7월 15일
초판 1쇄 발행 2022년 7월 25일

지은이 ┃아재글(박순경)

편집인 ┃권민창
책임편집 ┃윤수빈
디자인 ┃신하영, 이현중
책임마케팅 ┃김성용, 김태환, 윤호현
마케팅 ┃유인철, 문수민
제작 ┃제이오
출판총괄 ┃이기웅
경영지원 ┃김희애, 박혜정, 박하은, 최성민

펴낸곳 ┃㈜바이포엠 스튜디오
펴낸이 ┃유귀선
출판등록 ┃제2020-000145호(2020년 6월 10일)
주소 ┃서울시 강남구 테헤란로 332, 에이치제이타워 20층
이메일 ┃mindset@by4m.co.kr

ISBN 979-11-92579-00-9 (03190)

마인드셋은 ㈜바이포엠 스튜디오의 출판브랜드입니다.